ニッポンのおじさん

鈴木涼美

角川書店

ニッポンのおじさん　目次

目次

あとがき

カントリー・フォー・
オールドメン
〜「ニッポンのおじさん」から
こぼれ落ちた者についての覚書

装幀
鈴木千佳子

ニッポンのおじさん

まえがき

権力とオカネを持ったあのいじめられっ子たち

オニイサン・オネエサンやオジイサン・オバアサンに比べて、「おじさん」「おばさん」というのはときに蔑称《べっしょう》になるため、なるべく使用を控えるという話は最近聞かないこともないのだけど、だからと言って、それが指すものを正しく言い当てる他の呼称があんまりなくて困る。奥さん・お嫁さん・ご主人・旦那《だんな》さんの呼び方も時代錯誤だという指摘があるにせよ、結婚してる女友達に、つい「旦那さん元気?」と聞いてしまうのは、「夫さん」というのは語呂《ごろ》が悪いし不自然だから、というのと似ている。

困ったときに外来語を使うというのは日本の定石だけど、おばさんをマダムと呼び、旦那さんをパートナーと呼ぶ、くらいまでは許せても、おじさんに相当するカタカナ言葉はあまりない。Sirは馴染《なじ》みがなさすぎる。Gentlemanやその翻訳である紳士はイメージが綺麗《きれい》すぎるし、そもそも例えば誰かを呼び止めるときに使う呼称ではない。六本木《ろっぽんぎ》や歌舞伎町《かぶきちょう》、あるいはハワイなどの観光地で、「社長さん!」

と自分の雇い主でもなければそもそも経営者でもないランダムな中年男を呼び止める客引きがいるが、あれは煽《おだ》てて持ち上げている以前に、多分それ以外の呼称が思いつかないのだ。

結局、私たちは一切の侮蔑や哀れみなく中年男性を呼ぶことが不可能な世の中に生きている。男が、会社やイエの関係性の中でしか存在しなかった事情も関係があるのだろう。おじさんと呼ぶことを避けるとしたら、名前で呼び合う間柄、あるいは自分との関係性がはっきりしたお父さんや社長や課長以外の者について語ることそれ自体を諦《あきら》めるしかない。

と、ひとしきり困ったふりをしてみるものの、個人的にはこの、侮蔑や自嘲《じちょう》の響きを含んだおじさんという呼称を、使わないで過ごそうという気も、そのために彼らについて語るのはやめようという気も、私には一切ない。むしろ好んで使ってきた。よくできた言葉だとすら思う。敬称である「さん」がついているのに、そこに「もう若くはない」という中年男性の悲哀や滑稽《こっけい》が付着して、なんともバランスが悪い。その妙を私は愛する。

こちらがおばさんと呼ばれて世の無常を感じたり一抹の傷つきを感じたりするのだから、私は到底アンフェアなのだと思うけど、そこには長く男によって勝手に値付けをされてきた女の歴史を経て悪意ある呼称として定着した経緯があるのだから、平等である必要を感じない。オニイサン・オネエサンやオジイサン・オバアサンに比べて、「おじさん」「おばさん」の響きに強い男女差があるのは、リタイア後と就業前の男女に比べて、まさに現役として世を生きるおじさん・おばさんの立場の差が反映されているからだ。おばさんには、もう性の対象ではない、という男の蔑《さげす》みが混じるためより強い不快感があり、おじさんには、多くの場合に呼びかける本人よりも社会的な立場と経済力があるという事実によって免罪の響きが少しある。

で、私はというと、このおじさんを、単なる他に言葉が思いつかない関係性における呼称として、無色透明に使っているのではなく、むしろはっきりとした悪意と軽蔑をもって使っている。男が女を、向こうの勝手で幼稚な都合によって値付けして、おばさんというレッテルでもって値付けの外に追いやろうとするように、私も男をこちらの勝手な都合と自分本位の愛着で値付けし、あれこれ批評する。その意思表明としておじさんと呼び続けている。

女子高生が何かと話題を呼び、１０９に3時間の行列ができ、援助交際が流行語となり、ニュース番組がブルセラを取りあげ、ギャル雑誌が売れに売れていた頃、私の中のオンナの部分は産声をあげた。そしてすぐさまその中に入っていった。ギャルの熱狂が何だったのかという議論はいくつかあって、バブル崩壊以降オトナの購買力がひたすら下がっていった代わりに消費者として存在感が高まったとか、性革命が50年の時を経て10代女子の手元に転がってきたとか、おそらく多くの要素が事実であって全てではないということなのだと思う。そして私的に特徴的だったのは、あらゆる意味での男性軽視だった。ギャルはミニスカ・ヘソだし・露出など性的な匂いを感じさせる服装をするのに、男ウケには興味を示さなかった。女性同士の評価が全てで、登場する男は、ギャル男という女の名称を拝借した脇役の男たちと、援助交際やブルセラで金をせびられるおじさんたちだけである。私たちは捕食対象のウサギみたいなギャル男をたまに嗜《たしな》みながら、動物園の檻《おり》の外で馬鹿面で品定めするおじさんたちを、檻のこちら側から観察し返す虎だった。確かに檻はおじさんたちが作って、私たちに勝手に与えて私たちを勝手に閉じ込めるものだったけど、外で見ているおじさんたちだって、大して自由ではないことを、快適にカスタマイズした檻の中で確信していた。

実際、それは単なる比喩《ひゆ》ではないのだ。渋谷の南口のブルセラショップは、おじさんたちが女子高生を収監し、安全なマジックミラーの向こう側から、勝手な価値基準で私たちを品定めするものだった。しかし安全だと思っているそちら側は、実際は頭上の隠しカメラでこちらから具《つぶさ》に観察できるようになっていた。鼻の下を伸ばして股間《こかん》を膨らませ、アホヅラでミラーにへばりつき、絨毯《じゅうたん》にお行儀良く座る私たちを値付けしながら眺めていたおじさんは、実際さらに高い位置にあるカメラから、私たちに見下されていた。下手すれば日給ほどのお金を払って後生大事に持ち帰るパンツやブラは、私たちが百円均一で大量購入し、コンビニコスメのファンデーションで尿の跡に模したものをつけた偽の使用品だった。やはりミラーのついた小部屋で自慰行為に励む彼らは、部屋の照明の都合でこちらからその滑稽な姿が晒されていることはあまり意識していないようだった。

ギャルは言葉遣いが汚い、礼節を知らない、態度が悪いとよく言われた。確かにそうで、しとやかさも柔らかさも気立ての良さもなかったし、世の中の規則に中指立てて闊歩《かっぽ》していたのだけど、それは自分を長らく値付けしてきた男を、ありのままに放置して上から見下すことによって形成された態度でもあった。私たちはスローガンで男を変化させようという気も、変化させられる自信もなかった。そういうある種の絶望をもって、男のくだらなさをそのまま受け入れ、彼らのくだらなさを逆手に取るだけでなく、大いにレディキュールの対象にした。おじさんの女性蔑視の生態をそのまま利用していたギャルを、フェミニズムの文脈で語ろうという人はほとんどいないが、舐《な》め腐った態度と全てを逆手に取った生き様は紛れもないレジスタンスではあった。女子高生という世の中のしがらみや権力と比較的無縁の存在だからこそ、その精神性はあり得た。雇われの身ではそうそう自由に人を見下せない。

私もオトナになって、もうファーストキッチンの前で地べたに座ったり、パンツや身体を売ったり、アイラインをマジックで描いたり、スーツケースを持って109の福袋を買い占めに行ったりしないが、ファーストキッチンの前で養ったそのメンタリティは声を潜めて私の脊髄《せきずい》に生きている。どうしても啓蒙《けいもう》活動と抗議運動より、狂騒のレディキュールとクリティークで男社会を蹴《け》っ飛ばしたくなる。男に勝手に作られた檻の中にいようとも、頭上の監視カメラで向こうの禿頭を覗き込んでいるつもりで、私は生きているし、書いている。

おじさんについて書くことはさして難しいことではない。悲しいかな、コロナ対策とか、首相が代わった後の政局とか、不倫報道とか、五輪をめぐるいざこざとか、世を賑《にぎ》わす事件の多くはおじさんが主役か準主役で登場するので、世を書くことはおじさんを書くことに自《おの》ずとなる。だから世の中は、おじさんについて書かれたもので溢《あふ》れているし、そしてそれらの多くをおじさんが書いている。さらに世界はここ50年間大きくうねり続けていて、おじさんを暴くことは悪を暴くことのように奨励されているし、その批判に慣れてしまったのか、もともと面の皮が厚いのか、絶望的に自覚がないのか、ドMなのか、おじさんたちはその投げられる石を結構甘んじて受けている。虐められているとは思うけど、それが許されているうちは、いまだ彼らの持つ特権的な力が不当に大きいということだから、特に同情には値しない。

私は私で、男の金で肥え太った思春期を経て、男の書いた文字で学び、男に媚売って会社に入って、いまだに勝手な妄想の檻の中に勝手に収監されているのだろうけども、やはりその檻の中から、あちら側の世界の滑稽さを観察する者でもある。それぞれの文脈を生きる個人が、それぞれの持ち寄ったストーリーの擦り合わせをするのが恋愛なのだと、偉い先生に教えられた。しかしマジックミラーを隔てた檻のこちらと向こうの文脈が擦り合わせられることは多分一生ない。というか擦り合わされたくない。売る側が何を売っているのかという意識と、買う側が何を買っているのかという意識が、必ずしも一致する必要なんてない。あなたが売ってるのは実はこんな大切なものなんですよ、と説教される気も毛頭ない。向こうが買ったのがこちらの性であろうが自由であろうが若さや愚かさであろうが、私が売ったのはファンデで汚した百均のパンツなのだから。

その精神性のまま、こちらの勝手な文脈で、おじさんの姿を、おじさんの書いたものを、おじさんの発言を、勝手に批評し書き連ね、本人の意思なんてお構いなく勝手に咀嚼《そしやく》して味わう。悪口を書いていて楽しいけれど、この悪口が許容されるほどおじさんたちがいまだに権力を持っている現実に辟易《へきえき》ともするし、けれど隠しカメラのこんな楽しい盗み見ができなくなるのも寂しいような気がして、しかしそのカメラにも自分のアホヅラにも気づかないその鈍感な無自覚にもやはり嫌気がさして、こちらも大変アンビバレントな方向に突き進む。

でも私はどうしてもおじさんたちと別の文脈を生きながら、どうしても同じ世界を共有していて、その事実だけは、世界中が女子校と男子校みたいに二分されない限りは続いていくのだ。勝手な文脈でたまたま隣り合わせていればいいやと思っても、それは時々交差し、その交差が誰かを傷つける大惨事になることもある。ごくごく稀《まれ》に、素晴らしい交差をすることもある。やめられない恨み節と捨て切れない愛を両手に、おじさんの手で作られてきた言葉の海を、今日も泳ぐ。

愚かなおじさんは愚かじゃない女がお好き?

ビートたけし

10年ほど前に「女性は産む機械」なんていう発言をしたどこぞの大臣がいたが、私たち、そんな発言を聞いても「脇が甘いわ」と思うくらいで最早《もはや》何か傷ついたり侮辱された気分になったりはしない。男根主義と女性軽視を嗅《か》ぎ取ろうと思えば嗅ぎ取れるのだけど、そういったものと対峙《たいじ》し、懐柔し、リモコンする術《すべ》を、私たちはすでに持っている。女としてもっと怖いのは、ビートたけしのようなものと向き合うことである。彼もまた芸人として、あるいは東大法学部から大蔵省に入省した大臣以上に、女を排除した世界に生きて頂点に立っている。大臣と決定的に違うのは、そこはかとなく嗅ぎとれるのが女性蔑視ではなく女性崇拝であるところ、つまり下等な生物としての女を排除するのではなく、崇高な生物としての女

を あまりに綺麗な場所に置いたままにする姿勢である点だ。そしてもちろん、女であるこちらとしては、「産む機械」なんてお茶目に名付けられることよりも、「君は神」と断ぜられることのほうが厄介に決まっている。

私はヤンキー漫画もヤクザ映画も相撲も好きで、それはその圧倒的にマッチョな世界観がこちらとは無関係なファンタジーとして成立しており、よって私にとっては思いっきり他人《ひと》事《ごと》であり、だからこそ思う存分消費できるからだ。そして世界の北野《きたの》、あるいはビートたけしはそのような世界観を演出することに長《た》けた作り手だった。数多《あまた》の映画で、男を悪く、醜く、みっともなく、そして何より愚かに描き、徹底的に貶《おとし》め、いじめて汚し、簡単に殺してしまうことで、女を神格化してきた。

「アウトレイジ」の初期のコピーは「全員悪人」（最終章では「全員暴走」）であるが、これは正確には「男全員悪人」である。彼の作りあげる笑いの世界が徹底的に女性なしで成立していることと同じで、彼は、女を排除した世界で男の愚かさを演じ続け、作り続ける。登場する女の多くが記号的な脇役でしかないし、当然そこにはあまりに強い「母」のモチーフも見え隠れする。あえて私が特記するまでもなく、その独自の世界観が人を惹《ひ》きつけ、また存分に語られてきた。

で、女の私はそこで、では女を神格化する生身のおじさんとしてのビートたけしにどう対峙するか、というところに興味が湧く。女を神棚の上から下ろさず、ひたすら男の滑稽さを笑う男って、恋人として親として息子としてどうなのか、と。

少し前に、その世界の北野が芸名の「ビートたけし」名義で発表した恋愛小説が話題になっていたので私も買ってみた。帯には「愛するって、こういうことじゃないか？　狂暴なまでにピュア、初の書き下ろし恋愛小説」とある。読み進める。読み終える。「愛するってこういうことじゃないか？」？　いや愛するってこういうことじゃないだろ！

細部には彼の物語構築の技術が込められているところもある。サラリーマンである主人公が、喫茶店で見かけた女性に一目惚《ぼ》れして、仕事の都合でなかなか会えない中、思いを募らせていく。バカみたいな男同士の会話も、くだらない上司も、仕事場の空気も、とても軽快で、プロットと同じく奇を衒《てら》わない描写はとても読みやすい。喫茶店で落ち合えたときにだけデートをする、という「アナログ」な恋愛関係というのも、オヤジの妄想っぽいけどそれはそれで結構素敵な気もする。

身の毛がよだつほど気持ち悪いのは、本作を通じて相手の女性はただの一つも悪いところがなく、何一つ間違っておらず、何一つ矛盾せず、ただひたすら完璧《かんぺき》に美しいからだ。弱さも愚かさももちろんない。だから恋愛の障壁や悩みは常に外的要因に頼らざるを得ず、最終的には突然降りかかる、彼女のせいでは全くない不運によって、彼女を完璧から引きずり下ろす。そうでないと、愚かしく阿呆な男と、完璧な女神は釣り合わないからだ。私にはそれが、居心地が悪い。

言うまでもなく、女なんて車に轢《ひ》かれなくても分裂しているし、平気で裏切るし、気分屋で矛盾だらけなのだ。女が待ち合わせに来ないのは、車に轢かれたからではなくて、ちょっといい女だけどズルい女だからである。そしてそこが私たちの、最も可愛らしく愛らしいところでもある。男にとって都合が良い女でなくなるときの障壁として、仕事で多忙だとか家が遠いとかそんなことの百倍くらいのものが、実は私たちの内部に眠っている。その複雑さを丸ごと引き受けるのが愛なのだとしたら、ひたすら外部の障壁とだけ向き合って愛するだけでは、百分の一しか愛してないじゃないか。壊れるほどに愛しても三分の一も伝わらないのに、百分の一しか愛さないのなら、もう一万分の一も伝わらない。

男の愚かしさやくだらなさをこれでもかと言わんばかりに描いてきたビートたけしが、女については、ほとんど穴の空いた完璧に綺麗な陶人形、あるいは常に大地のように全てを包み込む母のような認識でしかないのだとしたら、画面の向こうに存在することは許せても、絶対に面と向かって対峙はしたくない。それは産む機械と私を蔑むどこぞの議員以上に。私たちは、たけし軍団の下品な振る舞いや殿の破天荒なくだらなさをきちんと眼差《まなざ》して、それでも好きだと言っているのに、向こうはこちらの愚かしさは愛してくれないのだろうか。私たちだって、世間には美しく聡明《そうめい》なところを褒めて欲しいが、彼氏には、くだらなく愚かしいところを愛して欲しい。

マッチョ思想にもいろいろあって、単純に男のほうが優等であるとする人なんて別に脅威でもなんでもない。それより、男の愚かしさに自覚的になりすぎて、女の愚かしさに盲目な男のほうが百倍面倒臭い。私たちはいちいち彼らの妄想に付き合うか、絶望させて乗り越えてもらうか、諦めて虚像を見つめる彼らを受け入れるか、悩まなければならない。だって「男ってバカで悪いのばっかり」という彼らの主張は、「バカで悪い男、最高」とも言えるわけで、結局彼らは愚かしい自分たちにしか、全力の愛情を向けていないのだ。

それはおそらく、半分は元々彼自身の中にあったもので、半分はいろいろ見すぎて大人になり達観しすぎたから芽生えたものなのだろう。彼の、これまでのオネエちゃん遍歴を見れば最初からオンナを神扱いする気などなかったのは明らかで、でもそれはどの時点で変換されたのか、あるいは超越してしまったのか、70代男性になったことのない私にはよくわからない。ただひたすら、今の彼の眼の前に立ちたくない、というのがオンナとしての私の正直な気持ちだ。

北野武《たけし》映画では、「TAKESHIS'」のラストで浜辺に腰掛ける主人公とヒロインの姿が私は好きで、「HANA-BI」の重たいラストシーンと重なる構図でありながら、終始ふざけた映像を見せられた後に見る浜辺はなぜかとても清々しく思えた。同作のおふざけっぷりは群を抜いていて、生々しく、矛盾だらけで、くだらない。意味不明で、けばけばしく、奇妙。それこそが実際に男が生きることのリアルと滑稽さのように思えるのだ。

当然、それは女の私には理解不能な代物だが、私たちが女版「TAKESHIS'」を作ったら、それは本家と同じか、ちょっと上をいくくらいやベーやつになるはずで、そのやベーやつを愛してくれない男なんて、私たちに本気で向き合ってくれるわけないのだ。

プレイリスト

◆シャ乱Q「ズルい女」

1995年のヒットソング。個人的にはつんく♂というと大物プロデューサーというより、ふざけた衣装で大阪サウンドを歌うバンドボーカルの印象が強く、私は1995年末、股間に手を置いて「真珠もそう、あんたのため」と歌う彼の姿を見て、齢12歳にして性の目覚めを感じた。

◆シャムシェイド「1/3の純情な感情」

アニメ「るろうに剣心」のエンディングテーマとなってヒットした1997年の曲。正直、この曲と、HEY!HEY!HEY! に出演したときのテキ屋のアルバイトの話しか知らない一般人は多いのだろうけど、このバンド、意外なところに男性ファンが結構いた。

参考文献

＊栗原康『村に火をつけ、白痴になれ――伊藤野枝伝』2016年、岩波書店

＊ビートたけし『アナログ』2017年、新潮社

＊『映画監督、北野武。』2017年、フィルムアート社

＊宇野常寛『母性のディストピア』2017年、集英社

言い難き嘆きも手

岡村隆史
藤田孝典

昔、ゲストが大勢出るような明石家《あかしや》さんまのトーク番組にナインティナインが出演していたとき、大御所の芸人の人気とやる気が衰えないがためにそこそこ中堅の年になってもゴールデンタイムの顔がまわってこない、というような話から、岡村隆史《おかむらたかし》が「だから正直、早く死んでくれへんかなって思ってて」と言って司会者である明石家さんまやゲストから大笑いをとっていた。さんまの番組の、過度にお約束を重視して、空気を読まずにお約束を無視するゲストを小馬鹿にするようなノリにゲッソリ気味だった私も、テレビの前で半分はよく言ったという気持ち、半分はその不謹慎の面白味に、横で見てたチャラい男（今唐突に思い出したけどこの男に貸した20万円、返ってきてない）の膝《ひざ》を叩《たた》いて笑った記憶がある。

当然、この発言も正しさの概念で無理やり添削することはできる。まず自分がその高みに登れないことを、自分の実力をつけることではなく、高みにいる目上の人を引き摺《ず》り下ろすことで解決しようという態度は正しくない。また、いかなる場合においても人の死や不幸を望むことも人道的でない。ってことで、小学校の道徳のセンセイあたりが添削すれば、「だから僕ももっと精進して芸を磨きそのポジションにいく価値があると世間に認められたい」とかせいぜい「いつまでもお元気でいて欲しいからこそ、あまり多忙な日々でお疲れにならないようお仕事を絞ってはいかがか」くらいのほうが道徳的である。ただし岡村は道徳のセンセイではないのでそこで求められることは少なくとも正しいことではないし、「僕も頑張ります」と言われても面白くもなんともないので、「死んでくれへんかな」という発言は実際短い番組予告でも切り取られるほど歓迎された。

この発言が不謹慎かつ正しくないのに、面白い／セーフであるのにはいくつかの要素がある。まず、「死んで」というある意味攻撃的な物言いの向かう先にいるのが、テレビ界の絶対的王者であるから、本人同士も見ている者も、弱い者が強い者に嚙《か》みついているという構図をよく理解している点。対象が盤石であってその発言で傷つかない／揺らがないのが明らかな点。それから、「死んでくれへんかな」の背後に、「あなたが死なない限り僕はあなたを超えられない」という賛辞が暗に感じ取れること。さらに、実力でのし上がるんじゃなくて先人の死でトップに立ちたいという、文字通り「小さい男」っぷりを露呈し、それが外見の妙と重なった自虐になっていたこと。そこに、「死」という言葉の重さとタブーが重なって、ブラックな笑いが生まれていた。

「死」という言葉は安易な笑いをとるのに使われがちで、「死ねばいいのに」と軽い調子で言うと、そこに実際に広がる事態の軽さと言葉の重みの間に歪《ひず》みが生まれて笑いになる。私は人生楽しいし死にたくないから全然好きじゃないんだけど、「保育園落ちた日本死ね」とか「死ぬなら一人で死ね」など、近年話題となった言葉論争も「死」のセンセーショナルに依拠していたし。

さて、そのときは不謹慎と面白味のバランスが取れていたに見えた岡村が、世の中が経済不安と健康不安ではちきれんばかりのコロナ禍、深夜ラジオの発言で物議を醸し、事務所ホームページで謝罪するという大ごとに発展した。私もこの発言の一部が超気に食わないのだけど、ツイッターなどでの炎上や、さらに怒りが収まりきらない人たちの署名運動などをざっと見る限り私と同意見の人は見かけないし、私は岡村以上にズレた人間かもしれないので、とりあえず私の気に食わない話は後回しにして、彼が一気に顰蹙《ひんしゅく》をかった話である。ちなみにだけど私は生まれ育った環境のせいで、って要は家が山の中すぎて、ラジオって、運がよければかすかにFMヨコハマが入ってくる程度で全く聞く文化がなく、よって何の思い入れもない上に今も聞かないので、誰かが好意か悪意でネット上にアップしてた音源でその発言を聞いた。

そもそもの話題はコロナの影響で風俗に行くのを我慢するということにあって、そこから、(コロナが収束したら)「絶対面白いことあるんです」「なかなかの可愛い人が短期間ですけれども、お嬢(風俗の嬢)やります」「短期間でお金を稼がないと苦しいですから」「3ヶ月の間、可愛い子がそういうところでパッと働いてパッとやめます」と言って、それがネットニュースに載り、それに対して反貧困ネットの藤田《ふじた》孝典《たかのり》という人が撤回を要求するブログを書いてさらにネットの波に乗り、多くの人の逆鱗《げきりん》にふれた。

ただ、この発言が不快だという点では一致団結しているように見える多くの人たちも、細かい書き込みを見ると実際はそう一枚岩ではなく、多分個人によって何がどう不快かということにちょっとした多様性を見せており、せせこましい私は岡村発言への怒りがどういう類のものなのか知る助けにならないかと脳内で発言の別バージョンを延々と作っている。

A

絶対に面白いことあるんです、普段大学の授業準備で忙しい有能な文学者たちが授業がなくなって空いた時間で腰を落ち着けないと書けない長編の本を書きます。質の高い本がバーっと発売されて、収束したらまたみんな大学の授業の準備に戻ります。

B

面白いことあるんです。普段外食ばかりの女がここぞとばかりに料理の腕を磨いています。自粛が明けたら磨いた腕をふるって手料理を食べさせてくれます。3ヶ月くらいで飽きて外食に戻っていきます。

C

必ず面白いことあるんです。営業が減って食えなくなったプロの若手芸人がこぞってユーチューブを始めてます。普段スポンサーに気遣ってできないようなプロのネタがそこら中で見れます。またテレビの仕事が増えたらそっちに消えます。

D

必ず面白いことがあります。水商売で食べられなくなった人が、昼職を求めてあなたの会社の面接にやってきます。今までお金を払わないとしゃべったり仲良くなったりできなかった美女たちが後輩になるんです。給料が安いので銀座のクラブが復活したら3ヶ月くらいでそっちに戻ります。

E

必ず面白いことがあります。潰《つぶ》れた飲食店の料理人があらゆる業種に流れます。短期バイトで入ってきた部下が料理のプロなわけで、会社のバーベキューでプロの味が食べられるようになります。また飲食店が復活すれば3ヶ月くらいでやめてそっちに戻ります。

不快指数大賞で岡村発言を90とすると、どれもそれなりに似た論法かつ似たような問題を孕《はら》んでいそうに見えて、岡村発言からいくつかの要素が抜けているので、そのぶん減点されて、不快指数としては本家と比較するとやや低い。Aは普段の仕事を奪われた人の話ではあるが本来やりたくない仕事をやらなくてはいけないという要素はなく、また対象に経済不安があまりない、Bは経済不安と失職の要素がない、Cは性的不均衡の構造がない、Dは夜職と昼職の高低差がない、Eは発言者と発言対象の間の搾取の構造がない。おそらく岡村発言に怒り狂った人の中にも、どの発言に似たような怒りを感じるかで差があるんだと思う。

逆説的には岡村発言にはそれらに何かしら欠けているヤツが全部揃《そろ》って、「人の不幸を笑う不謹慎」「経済不安がない者がある者を見下す傲慢《ごうまん》さ」「男性が資本にものを言わせて女性を搾取する構造」「昼職から夜職への転職を不本意なものに固定する概念」「単に女の性を売り買いする男たちへの吐き気」などなど、どれに怒る人にも刺さる、大衆的不快指数のロイヤルストレートフラッシュになっていたわけである。

当然彼もそれなりの人気芸人であるがゆえに、ファンや擁護する声もあるし、彼自身深夜ラジオ独特の内輪ノリと不謹慎とウケ狙いがあったのであろうと推測はできる。マルクスはかつて資本とモテの関係についてこのように書いた。

私は醜い男である。しかし、私は自分のために最も美しい女性を買うことができる。だから、私は醜くない。

資本論の著者と並べるとみすぼらしくて不憫《ふびん》なのだけど、岡村発言のいくつかの要素をここに照らすと、彼がとろうとしたウケが何であるのかはわかる。「可愛い子」が風俗業界に入ってくることで自分の相手をしてくれる＝面白いこと、であるとするならば、こんな非常事態でもないと「可愛い子」とは金銭を介してすら縁を持てない自分への自虐ともとれるし、逆にいうとこんな非常事態であっても、資本の力で自分の醜い姿を無効にして、可愛い子と遊べるという自慢ととれる。当然、前者ととると笑いの要素があるにはあるが、後者ととるとただの嫌な資本家となる。人の経済不安を楽しみにするわけだから、いずれにせよ不謹慎なのだけど、上の資本の構造を記したマルクスの引用を、貨幣の見せびらかしととるか、醜さの自白ととるか、大衆の今の気分がどっちなのかを見抜く力が、現在の岡村になかったとも考えられるわけである。

さて、最初に述べたが、私は、人の不幸を笑うとか、男が女を経済格差を利用して搾取するとかいう、どちらかというと真っ直ぐな人が不快感を示していることと、ちょっと違う点で非常にこの発言が気に入らないというかダサいなと思っている。まず、もともと性産業にいる人ならともかく、彼は今回新規参入する人について言っているわけで、その場合、経済的苦境に陥る人と顔面の可愛さに相関関係はないと考えるのが普通で、つまりここで「可愛い子」と言われているのは顔面の造形美ではなく、風俗業界に慣れない「ウブなかわいい子」というニュアンスを感じるわけデス。

さらに、3ヶ月でパッとやめる根拠は何か。大体、彼の言うようにみんながお金に困ってちょっと風俗で働こうかという状況になったら供給過剰になって、すでにやや供給過剰な東京のデリヘルがそうであるように、そう簡単にお金がたまるほど稼げないのは明らか。3ヶ月で経済苦境を抜け出せないし、そもそも日払いの風俗業から足を洗うのは相当な強い意志と金銭管理能力が求められる。夜の世界というのは吸引力がめっちゃ強い沼みたいなもんで、しかも夜職ってハマると刹那《せつな》的な楽しさや快楽がそこら中にあるので、一回入ったら3ヶ月なんかで抜け出せない／抜け出さない人が多い。大体私もやめようかなと思ってから実際にやめるまで3年以上かかったし、自分の中の夜職マインドが完全になくなるには後30年必要と思ってる。

つまり岡村の言葉には、風俗業界に進んで入ってくるような金好きや好き者ではなく、また長く風俗業界にいてすっかり擦れてる女じゃない、「ウブなかわいい子」が風俗業界に入ってきて、そういう子は夜職に就いても心が穢《けが》れないから業界に染まらずさらっとやめる、という素人好き根性が透けて見えて、スレっからしの元夜のおねーさんとしては非常に気に食わない。ちなみに、これは岡村批判派の人にも言えるのだけど、夜職には「自ら積極的にプライドを持ってやってる人」と「やむを得ずにその仕事に就いた人」の二種類がいるわけではない。そんなのは、所詮《しょせん》外から見た印象と声を上げている人の上げている声だけを見た感想であって、実際には無数にあるその間のグラデーションの中を、同じ一人の人間が時と場合によって移動し続けているのだ。

よって私は岡村が不謹慎にさんまさんが死ねば自分もビッグになれると言ってるぶんには構わないのだけど、お金が好きそうなスレた女ではなく、ウブでお金にキョーミがなさそうな女をお金で買いたいという思考が透けている限り、超ベテラン50代風俗嬢に3時間のロングで接客されて来いと冷たく思うだけで、何の味方にもなる気がない。こういう男たちの集積が、風俗やAV業界で驚愕《きょうがく》の年功逆序列を作り上げてきたのは言うまでもないのだ。私は芸人をフィクションの登場人物と似たような存在として見てしまうから、それほど腹は立たないのだけど（要は、「日本人は顔を赤らめない、黄土色になる」とかその辺のフランス人に言われたら腹立つけど、ウエルベックの小説の主人公に言われても別にそれは物語の一部でしかないのと同じ）、それにしても、素人好きのおじさんは私の敵である。

ちなみに藤田というのは「死ぬならひとりで死ね」論争のときに、真っ先に「そのような言葉を溢れさせるな」という記事を書いた人で、私は先に述べたとおり、「死」のセンセーショナルで人目を引こうとする態度は嫌いなので、彼のそのときの記事については、根拠は違えど結論にはほぼ同意なのだけど、今回の記事は実は結構変で、途中から風俗の話じゃなくてなぜか路頭に迷う10代の女性と児童売春みたいな話にズレていくのだが、五反田《ごたんだ》の風俗嬢は何も児童売春斡旋《あっせん》の被害者ではない。

藤田の見ている貧困の光景の中に、路頭に迷う10代の女児とそれを搾取しようとする悪質な斡旋業者がいることは全くもって真実だろうが、その光景を見て涙で滲《にじ》んだ目で五反田や歌舞伎町の風俗嬢を見ても現実を見紛《みまが》うというか、これは売春系の話題で人権派がやりがちなトリックで、風俗産業と児童売春は完全に分けて話さないと一気に議論の信用性は破綻《はたん》する。売春に関してはフェミニストの中でもそれ自体を性的搾取とする者もいれば、売春も職業だとする者もいて議論の余地があるのだろうけど、児童売春を名前を出して肯定する論者は私の知る限りほぼ皆無に等しいので、話題がそこに突入した時点で論敵は仮想敵でしかなくなるからだ。

つまりこの岡村事件は、女に過度な幻想を抱く男と女を過度に被害者化したがる男の戦いで、世間的には一応後者が勝利と謝罪を勝ち取ったように見えるのだけど、風俗という言葉から、ウブな穢れなき少女を連想している点で、二人はちょっと似ている。

プレイリスト

◆明石家さんまの番組

「恋のから騒ぎ」という番組で、タレントではない女性たちにキャラクターやニックネームを与え、振る舞いや人気を鼓舞した芸当と、垣間に見せる自身の恋愛観や自虐の小話の愛らしさで、当時、女子大生には一定程度「好きなタイプは明石家さんま」と答える人が多かった。現在は、「偉くなってしまった人が面白くあるのは、権力者が権力批判をするのと同じだけ困難だ」を体現する存在。

◆年功逆序列

風俗業界やAV業界は伝統的に、経験の少ない新人が一番値段が高い、という一般的なサラリーマンや技術者と全く逆の序列があった。私が、「売春も普通の仕事です」という議論に乗れないのは、キャリアや技術を積み上げれば値段が下がるその構造を意識してしまうからで、売り手が売っていると思っているものと、買い手が買っていると思っているものが全く一致していない特殊性があるように思える。そんなところも含めて、退廃的でしかあり得ない売春の世界が好きだったけれど、SNSの登場でアイドル的な人気を得る者の数が増えて、年功逆序列には力強いヒビが入っているような気もする今日この頃です。

参考文献

*マルクス著、城塚登・田中吉六訳『経済学・哲学草稿』1964年、岩波文庫、
*大江健三郎『言い難き嘆きもて』2001年、講談社
*シャノン・ベル著、山本民雄・宮下嶺夫・越智道雄訳『売春という思想』2001年、青弓社
*青山薫『「セックスワーカー」とは誰か 移住・性労働・人身取引の構造と経験』2007年、大月書店
*ミシェル・ウエルベック著、関口涼子訳『セロトニン』2019年、河出書房新社

分け入っても分け入っても、あるよ山

乙武洋匡
ダースレイダー

全世界が同時にこんなに長い間、一つの病気について四六時中考える年なんて初めてだし、人がそこかしこで死の恐怖を泣きながら振り払うような日常風景にはいまだに慣れない。現代では、本来はごく自然に地続きであるはずの日常と死をなるべく遠ざけることで、やや間抜けで安全な社会が作られてきた。死に素手で触れることを嫌う弛緩《しかん》した日常に、無遠慮に抽象的な死の匂いを放り投げ、死者数や感染者数のグラフをひたすら伸ばせば、確かに「シン・ゴジラ」的気分になるのは当たり前だと思う。

だからそんなタイミングに照準を合わせて、絵心が皆無の私でも描けそうな取り急ぎのゆるキャラで、ダーウィンの進化論なんて出してくる自民党は、最早、憲法改正したいのか単にピリついた日常にハレーションを起こしたいのか本気でよくわからなかった。漠然とした死に怯《おび》える日常を背後に、雑な進化論を投げつけられれば、当然自分が生き延びられる側から外されるかもしれないという不快な気分になるし、ありもしない生存の約束をせめて自分だけは取りつけよう、という賤《いや》しい気持ちにもなるし、前前前世から誰かを探している人気バンドのボーカルのツイートから優生学の朝まで生ツイート大会が始まったり、医療現場の事件をめぐる安楽死の議論が今まで以上に加熱したりしたのも、きっとあのゆるキャラの名に恥じない緩い進化論解釈のせいだ。

超優秀な遺伝子を持つ人の配偶者は国家レベルで選定するべきなんていうツイートをした本人は、多分国家が人の生殖活動を管理すべきという危険な信念を吐露したつもりはないのだと思う。私らが焼き鳥屋で、キムタクの精子売って欲しいとか、ヒュー・グラントとセックスした直後にビル・ゲイツとセックスしたらジニアスイケメン生まれるかなとか、涼美の顔はラテン系と混ぜると危険だと思うとか話しているレベルで品のないツイートをしたかったのか、あるいは単に藤井《ふじい》聡太《そうた》を称賛するにあたって表現センスが血迷ったのか。しかしその微妙に空気読んでないセンスが呼びおこした議論では、己は世の中を俯《ふ》瞰《かん》できていると無邪気に信じるプチネオコンたちが、自分には感情的なダサさがないと示すために、古臭い優生学に乗っかっていた。そしてその姿は、触り慣れない死の手触りに狼狽《うろた》え、ウイルスに選ばれる恐怖を身近に感じ、医療崩壊を恐れ、自分の命が格付けされることに普段より敏感になった社会に拒絶された。

歴史的に否とされた優生思想だが、その一見ユートピアに繋《つな》がっていそうな理屈は、甘い誘惑となって時に人の妄想を掻《か》き立てるのは確かなのだ。遺伝子で全ての運命が決まるという世界観の「ガタカ」は、その結晶みたいな作品で、女の性欲の結晶みたいな全盛期のジュード・ロウが出てくるので、私は公開時から数えて何度も観た。生まれたときの遺伝子検査で寿命までわかる近未来、遺伝子コントロールされた優秀な知能・体力を持つ者が適性者、うっかり愛のあるセックスなんかでできてしまった者は欠陥品として明確に区別して扱われる。で、映画ではもちろんそんな時代に自然妊娠で産み落とされた者が、欠陥品の立場に甘んじずに、努力と裏技で夢を実現していくのだけど、これが楽観的なファンタジーにギリギリならないで済んでいるのは、「適性者」を「健常者」や「性的マジョリティ」や「白人男性」に置き換えた際に、すでにこの物語の主人公のような猛《も》者《さ》は、この世にたくさんいるからだろう。

テレビも日常会話もウイルスと病の話ばかりなので、明るい話以外あんまり好きじゃない私は、人々の病への恐怖を整理しようと思って、おしゃれ眼帯のラッパー、ダースレイダーの自伝『NO拘束』を読んでいた。私だって病気にはなるべくなりたくない。若い時分、女子たちが酉《とり》の市や初詣《はつもうで》で恋の成就とか結婚祈願とかのお守りを買う中、不健康になる身に覚えがありすぎる私は一貫して健康祈願のお守りを買ってきた。そのせいでまだ独身だ。病に負けずに強く生きる人はたくさんいるのだけど、この本はより明確に、病は怖いが、不幸になることのほうが怖いと思わせてくれるものなので、コロナ禍のこの季節、未読の方は読むと若干気が大きくなる。

著者に襲いかかる病は結構容赦がない。クラブでいきなり鏡の中の自分がぐるっと回って倒れるなんて怖すぎるし、人はこんなにも連続して吐き気を持続できるのかと、母の抗がん剤治療に付き添い続けていた私も驚くくらいだし、片目の失明に続いて両目失明の危機にも陥り、余命宣告もある。著者らしいウィットは闘病記の中でも軽快で、わざとオムツを満タンにして、「世の中にはオムツ交換までのこういう行為に金を出すヤツだっているんだろうな」と勝手に納得したり（ちなみに涼美の友人が勤めていた母乳風俗ではオムツ交換は無料オプションだった。妊婦コースにもオムツ交換が付けられるのだけど、その場合の妄想の筋書きはどうなってるんだろうか）、レントゲンの造影剤の副作用が出る確率の話を聞いて「俺は選ばれし人間だ！」とラッパーらしいフレーズが脳内をよぎったりする。しかし本の真髄は別のところにあって、東大に入れる頭脳のラッパーという「適性者」っぽい時代の視座、脳梗塞《のうこうそく》闘病中の視座、病人の枠を積極的に逸脱した現在の視座を提供することによって、デンマークのおじさんが言う通り、死に至る病は別のところにあるとはっきり示しているのだ。

ダースレイダーが「哀れみ目線に合わせる必要はない」と断言している通り、健常者はその貧困な想像力で、身体の調子が悪い者の枠を作る。そして五体満足の自分が持っているものを失うリスクを拒絶するあまり、失った後の物語の存在に想像は向かない。それに対して、実は何かしらのディスエーブルを抱えている人は想像力の塊だ。不便は想像の神経を研ぎ澄ませるし、ものづくりの原点でもある。さらに言うと、圧倒的な不運を経験し、悔しさが臨界点を超えることは、現代人がものすごく苦手な嫉妬《しっと》心のコントロールを獲得する過程でもある。日頃の想像力に溢れた批評や、憧《あこが》れや羨望《せんぼう》を醜い嫉妬に変えずにいることに長けた物言いのうち、どれくらい彼がもともと持っていて、どれくらいその過程で獲得したかなんてわからないけど。

さてここで疑問なのだけど、件《くだん》のツイートをした歌手やそれが起こした議論で、効率を考えるのは当たり前でしょと言わんばかりに優れた遺伝子操作をクールに肯定していた者たちは、その辺で昼酒飲んでる健康自慢のおじさんとダースレイダーやホーキング博士（ちなみに伝記映画の「The Theory of Everything」、今も稀にある邦題事故案件で、日本語タイトルは「博士と彼女のセオリー」という。なんでエブリシングがキミとボクなのか、セカイ系ラノベなのか、ラブコメなのか）と、どちらを「優れた」と呼ぶのだろう。手足がないけどイケメンで頭のキレがいいおじさんは、どう位置付けるのだろう。自由な手足の有無や視力や寿命なんていう見るも明らかな差異ですら、つけられない優劣をどうやってつけるんだ。

「障害は不便です。だけど、不幸ではありません」のコピーで、歴史に残るベストセラーを叩《たた》き出した電動車椅子の彼に比べれば、少なくとも出版業界で私の命など一瞬だけ火の上がる線香の切っ先のようにすぐ消えるのだけど、それはともかく、私はいまだに、あの都知事選出馬断念のくだりが納得できない。ド派手な病人ダースレイダーが「病人という型にはめられるとむしろ弱っていく」と書いたその型を、最も確信的に無視してきたのが五体不満足のその人だったと記憶しているのだが、なんで結婚や不倫について用意されたごくごく平凡な型には、すぐ降参したように見えたのか。

病に選ばれて生まれてきたという世間的な印象を、一気に、複数の女性に選ばれて生きてきたという印象に変えたという意味で、確かにあの週刊誌報道はキャッチーではあった。その後に紡がれ続けている彼の言葉の中にはおそらく、障害者に潔白な精神を求める世間が、極めて大きな反響を作ってしまったという気持ちがあるのだろうけど、私はその世間の風潮を否定しないまでも、少なくとも世間は乙武《おとたけ》の性的な潔白をそんなに求めてはなかったと感じている。五体不満足の中にも、講演中に眼鏡を取ったら女性らが「かっこいい」と言ったみたいな彼のモテ自慢は含まれていたし、ラブホテルの車椅子対応や、デート中のレストランの対応などに文句を言っていたし、彼が思うほど彼には清廉潔白なイメージがそもそもない。というか私としては全然ない。宮崎謙介《みやざきけんすけ》ほどもない。

ではなぜ都民の将来を占う重要な局面で、そのような変更を余儀なくされたのか。私は一つには彼が社会へのプロテストをする過程で、自分が破ってきた型をいまだに押し付けられている者たちと同化しながら戦ってきたため、型破りな自分の世間イメージを、以前より過小評価していた気がする。ディスエーブルの人間は爽《さわ》やかで真面目、という確かにあるイメージと闘っていたかもしれないが、彼自身は特に爽やかではない。逆に、手足がないからできない、というはなからの思い込みが何より嫌いな彼は、手足がないからって不倫が許されちゃいけない、と特別扱いを蹴っ飛ばす意思もあったのかもしれない。しかし、病や障害の枠と結婚の枠は別のところにあるので、そこは得意の型壊しをもう一つの枠にも応用してクリントンに肩を並べて欲しかった。というかクリントンどころか日本の政治家にだって華族にだって伝統的に愛人がいた。今現在の結婚の枠なんて生まれて間もない脆《もろ》いものだ。

そもそも、不倫が社会生命を奪うゲームは何ゲームなのか。ＡＫＢでメンバーが坊主にする茶番を見せられるのと同じゲームなのか、チョコ屋がバレンタインのルールを作ったみたいにワイドショーが苦し紛れに作ったルールなのか。本妻になったことがない身からすれば、本妻の座なんて私みたいな雑魚《ざこ》い愛人がいても別に揺るがないからいいじゃんとも思う。

『五体不満足』に比べて世間的な認知度が低いが、彼の『車輪の上』という、ヘッセもびっくりのホスト小説がある。私は若干スタートが説教くさいのと、ホストのセリフ回しがなぜか別冊デザートちっくなのが気になるのだけど、終盤急に名作になる。車椅子のホストが、頼りにしている二丁目のママについて語るくだりで、「乗り越えた人」だと思っていた、という表現がある。「乗り越えた人」というのもまた人を大いに縛る枠であり型でもある。たぶん病にしろ不便にしろ過去にしろセクシャリティにしろ、それらは大きな壁の形をしていないのだ。壁はなんとか梯子《はしご》やロープを見つけて飛び越えれば前が開ける。でも、現実は、もっと複雑怪奇な山脈のようで、一山越えたら次にまたおかしな形の山があり、しょぼい山も、なだらかに見えてスリッピーな山もある。一番高い山は越えたとしても、そこで疲れて次の山を登る気力はなくなることもある。

お股《また》の動画見放題の私もまた、貞操観念や優等生の道を色々と超越した人だと思われがちだし、過去をエネルギーに変えている人だという枠を感じることはある。壁の形をした何かを超えて開けたところにいるんだろうとか、超えて笑っているから過去に傷つかないんだろうとか、思想が揺れることはないんだろうとか。

乙武を、清廉潔白な障害者という枠で捉《とら》えている人は、少なくとも日本には彼が思っているよりいないと思うのだけど、「乗り越えた人」だと思っている人はたぶんたくさんいる。私もつい人のことになると、現実を山脈ではなく壁のようなもののように思ってしまうのだけど、せっかく自分に明らかな欠陥だった過去があるのだから、山脈を見られる人でありたいと思う。

「乗り越えた人」に思われてしまう彼も、別に乗り越えて超越した人じゃないから、一つの枠は壊せても、別の型の前に項垂《うなだ》れることもあるのだろう。ただ少なくとも、絶望は回避し得ないこの国で、個別の人間がギリギリの幸福を失わない可能性を示せるのは、極端に不便を感じたことのある人の想像力しかない気がするし、やっぱり病気になるより不幸になることのほうがちょっと怖いし、優生思想に乗っかってみたプチネオコン男子たちには是非ともそういう複雑な優れというものを知って欲しいし、乙武には石原慎太郎《いしはらしんたろう》が「厚化粧」と言った人が座るその椅子に向けて、また登山をしてほしい。

プレイリスト

◆ヒュー・グラント

UKが誇る1960年生まれの色男俳優。「ノッティング・ヒルの恋人」や「ブリジット・ジョーンズ」シリーズの、セックスはできても愛してるを言ってはくれない毒男の印象は彼にしか紡げない文化なのに、その下位互換みたいな男で世界はできている。ちなみに腐女子の私は「モーリス」がおすすめで、女どころか男も不幸にする色男であることがよくわかる。

◆AKB

エッチしたのがバレたとか恋してたとかいうテヘペロで瑣《さ》末《まつ》な出来事が、髪の毛を剃ったり左遷されたりする大事件に発展するという「恋愛禁止」の掟のおかげで、たくさんの物語の主人公をこの世に送り出したその構造は鮮やか。

参考文献

＊乙武洋匡『五体不満足』１９９８年、講談社

＊米本昌平、松原洋子、橳島次郎、市野川容孝『優生学と人間社会　生命科学の世紀はどこへ向かうのか』２０００年、講談社現代新書

＊四角友里『一歩ずつの山歩き入門』２０１３年、枻出版社

＊立岩真也、杉田俊介『相模原障害者殺傷事件　優生思想とヘイトクライム』２０１６年、青土社

＊乙武洋匡『車輪の上』２０１８年、講談社

＊ダースレイダー『ダースレイダー自伝　ＮＯ拘束』２０１９年、ライスプレス

僕らがミスをチル理由

Mr.Children

先日、ちょっと用事があって行った歌舞伎町のアフターバーで、すぐ近くに座っていたホストら4人のグループがカラオケをしていた。30代らしきホスト、涼美語で言う所の「お疲れホスト」が女の子に「何歌って欲しい?」とリクエストを求め、女の子の一人が「ミスチル!」と言ったのに答えて「星になれたら」を歌い出し(30代だけに)、その下手くそっぷりもなかなか鼻につくものであったのだが、「長く助走をとった方がより遠くに飛べるって聞いた」の歌詞のところで「うわぁいい歌だわ、これ」と自分で自分の歌っている歌へ謎の合いの手を入れていたことが、翌日の寝起きに思い出し、さらに今原稿を書こうと机に向かったところで思い出すほど耳に残っている。悪い意味で。

確かにそのグループの風俗嬢よろしく私たちも、「何歌って欲しい？」なんてどうでもいい男に聞かれると往々にして「ミスチル」なんて答えてしまう。ほとんど「何でもいい」「そんなこと私に聞かれても」と同義である。曲数が多く、誰でも数曲は歌えて、こちらも聞けば知っている。そして何より、歌って欲しい曲として「ミスチル」と答えること自体に、余計な意味が付随しない。「ラルク」とか言ったらV系好きだったの？　とか、「嵐《あらし》」とか言ったらその歳でジャニオタ？　とか、「矢沢《やざわ》」とか言ったら元ヤン？　とか、「河村隆一《かわむらりゅういち》」とか言ったら懐かしい！　そしてキモい！　とか、そういった余計な詮索《せんさく》をされずに済む。

「ミスチル」は、日本人の好きな楽曲の平均値として君臨しているから当然だ。

ただ、私たち女にとってミスチルが、そういった便利＆ユースフルな存在であり、数曲は好きな歌があるという以外になんの感慨もない対象であるのに対し、男の子にとってのミスチルは、自分の下手くそな歌声にのったその曲すら「うわぁいい歌」的な心からの雄叫びを必要とするくらいには意味のあるものらしい。と、最近強く思う。「ダメな俺」に居心地の良さを感じる男が必要とするのがスピッツだとしたら、「ダメな俺」をそう簡単には認めたくない男が必要とするのがミスチルだろうか。

街の中にたくさんいて、目を凝らしていなければ見失いそうな普通の男たちが、それでも己として人生を生きようとしたときの拠《よ》り所となるような歌。まさに、誰もが胸の奥に秘めた迷いと鬱憤《うっぷん》を受け止めるような。それってかなりすごいことだとは思います。

そして、それだけ男に必要とされるその歌詞は、当然のことながら男の欺瞞《ぎまん》と都合に満ち満ちており、それは女の子にとっては「なんか素敵」と聞き流してしまいがちな、しかし気にしだすととめどなく気になる類のものである。ヒット曲をざっと思い出しても、「誘惑に彩られた一度だけの誤ちを今も君は許せぬまま」（そもそも浮気《うわき》に一回も四回もねえし、誘惑した女とそれを許せない度量の狭い女が何故か悪者に……）「今以上に綺麗になってないで」（別れた女をいまだ自分のものだと思ってる節があるし）「分かり合えた友の愛した女でさえも」（節操がないにも程があるし、「でさえも」じゃなくて「だからこそ」欲しいんじゃないか）「終わった恋の心の傷跡は僕にあずけて」（弱ってるところにつけ込むタイプ）「彼になる気もなくて責任などさらさらさ」（責任取ってよ）。男の本音大爆発。

そしてミスチルの歌詞の中で「僕」や「君」はかなりの確率で「歩き出す」。色々と傷ついたり、わかり合えなかったり、過去を引きずったりしながら、とりあえずとどまることを知らない感じで歩き出す。歩き出しがち。そして新しい、次の扉を開きがち。一体どこへ……。

それはやっぱりおそらく、次の女へ、である。音楽芸術という最強のモテの飛び道具で超勝ち組になった男が女を何人乗り換えようが、ピチピチギャルならぬギリギリギャルと浮気しようが、そして再婚しようがそれはそれで全く構わないというか、それくらい許されなければ成功にも夢がない。ただ、そことは別次元で、作品に散らばる「歩き出す」という概念にはどうも引っかかる。そしておそらく、私のようなせせこましい女が引っかかり、純粋でそれなりに一所懸命な男たちが痺《しび》れるのが、その「歩き出す」世界なのだろうと思う。

男たちが、いくつになってももっとも恐れるのが、今の自分がストップ高であるという思考である。今現在にそれなりに納得していようといまいと、これが俺の限界、と思うのは嫌で、だからマイラバも「自分の限界がどこまでかを知るために僕は生きてるわけじゃない」と歌う。基本的に男というのは、自分の限界というのはいくつになっても知りたくないと心のどこかで思いつつ、精一杯大人ぶって「俺は所詮こんなもんさ」とか言う。

そこに、新しい扉を開けて歩き出すことがデフォルトかのようにセットされているミスチル的世界観を提示されると、なんとなく自分が大人ぶって否定している願望を肯定されたような気になる。というとちょっと出来すぎているが、別に取り立ててヒーローになる必要も、逆に底辺を這《は》いつくばってダメ男として生きる必要もなく、ただ等身大の自分とはまた違う、等身大の自分よりもちょっとだけいい場所にいける可能性がある気がして心地いいのだと思う。

そして、その「今の自分が自分の最大限ではない」「もっと違う可能性があるかもしれない」という思いは、当然「今の女が自分の最後の女ではない」「もっといい女と出会えるかもしれない」という思いとほぼ同一である。男は最初の男になりたがるが、女は最後の女になりたがる、とはよく言われるが、裏を返せば、女は別に最初の女になりたくなくて（童貞なんて別に好きじゃない）、男は別に最後の男にはなりたくない（この女が最後なんて思いたくない）。

かといって、ミスチルの歌詞が今の彼女に不満でもっといい女とやりてぇとかいう正直なものであるわけではない。むしろ、基本的に自分がどれだけ彼女を愛しているか、ということに言葉が割かれる。この喉《のど》を切ってくれてやるとか、何一つ見落とさないとか。ずるいのは、扉を開けるとか歩き出すとか匂わせておいて、基本的になんとなく自分が歩き出さねばならないのは、女が気まぐれでわがままで自由で、どこかに行ってしまう存在であるせいにしているからだ。

私はミスチルの中でも最も鼻持ちならないと思う曲が「Everything(It's you)」で、「僕が落ちぶれたら迷わず古い荷物を捨て」、要するに僕のことを見捨てて先に歩き出していいんだよ、なんて言ってくるこの狂おしいほどのナルシシズムは何か。かと言って落ちぶれた自分自身だって、終わりなき旅の途中、小休止したらまた新しいドアを開けて人はまた恋に落ちてゆくわけで、それをこちらが見捨てたみたいに思われても困るし、別に落ちぶれようが落ちぶれまいが、こいつとは合わねえなって思ったら私らも普通に別の方向に勝手に歩いていきますし、わざわざそこでものわかりのいい被害者ぶることになんの意味がある。じゃあ女がその場所に留《とど》まり続けたらアンタもその場所にずっと留まり続けて、新しいドアを開けて歩き出さないとでも言うのか。んなアホな。世界はそのようにできていない。

ねぇくるみ、とやたら可愛らしい名前の女に「出会いの数だけ別れは増えるそれでも希望に胸は震える」なんて熱っぽく語りかけ、愛情っていう形のないものを伝えるために名もなき熱っぽい詩を夜毎歌ってくれるなら、最後までこの、これがもう限界であとは落ちぶれるだけかもしれない俺様についてこいと言ってくれたほうが私は嬉《うれ》しい。長渕剛も男の都合に満ち満ちたようなことを言うが、「女好きは俺らの悪い癖」と、もはや別に偽善ぶることすらしないので、女としてはちょっとお膣がキュンとする。

男の情けなさに寄り添うことが男性視聴者の心を摑《つか》むというのは数多いるアーティストに言えることだが、ミスチルの場合はそこにちょこちょこといい男ぶった偽善的な物言いと、そこはかとない被害者目線が挟まることで、男の情けなさをいい男のポーズにすり替える卑《ひ》怯《きょう》さが、女の鼻につくのだと思う。

男ってほんと、そういうところがある。自分の終着駅がここであると思いたくないだけのくせに、なぜか自分に酔っていい男的態度をとりたいとき、別にもとからあってないような女の自由さや酷さをもって、それに翻弄《ほんろう》される愚かな俺だけど、と続ける。そんな俺でも傷つきながら前に進むのさ、きっとまた恋をして、きっとまた傷つくけど、きっとこの先の世界もそれなりに生きるに値する。

そしてちょっと自分のいい男っぷりに酔いたい男は、女を自由で奔放な存在、自分をしがらみにとらわれたつまらない存在と位置付けたがるのだ。しかしどうして私たちは、全くもってナウシカではない。むしろ新興勢力である私たち、女らしさと人間らしさの狭間《はざま》で思いっきりしがらみにがんじがらめになって、身動き取れなくなってますけど。

別にミスチルの歌自体に罪はない気もするのだけど、男の子たちがみんな共感しまくっている様子はあまりに卑屈で、その反面とても自己陶酔的で、ピチピチギャルとしてはなんとなく狐につままれたような気分になる。男のくだらなさをすくい上げる機能として、あまりによくできすぎている。同じ桜井《さくらい》だったら存在自体は尖《とが》っているのに本人どこまでも無難な雰囲気漂う桜井秀俊《ひでとし》に「一発やってみようよ」と言われるほうがいいし、何ならミスチルの桜井さんと同じくらいにいい男であるのにいまだにダサいラップなんかして同性の支持など全く意に介せず女ウケにのみ徹底している嵐の櫻井《さくらい》くんに「やるだけやるけどいいでしょ?」と言われたほうがいい。男が愚かなのは知っているけど、愚かな俺に酔いしれる男ほどめんどくさいものはないですからね。

プレイリスト

◆スピッツ

日本語の国に生まれて良かったと思えることなんて、努力せず漢字が書けることと、スピッツを母国語で聴けることくらいしかない。ギャル時代にトランスが漏れ聴こえるクラブの前に並んでたときも、AV嬢時代に顔射され顔洗ってたときもスピッツ聴いてた分裂気味の私が最近よくかけているアルバムは「惑星のかけら」と「醒めない」。

◆歌舞伎町のアフターバー

キャバクラ、ホストクラブの営業時間の取り締まりが厳しくなった歌舞伎町には、深夜1時以降のそれらの店のキャストや客の収容場所として、そういう人たちしかほとんど来ないバーが無数にある。ホストクラブが直接経営しているものもあれば、元ホストが経営しているものもある。同じホストを指名する客同士が無言の牽制《けんせい》をし合っていたり、アフターの約束のない女子たちが一縷《いちる》の望みをかけて朝まで待っていたり、必死なホストが客の乳首を頑張って摘《つま》んでいたりするので、素敵な光景ですよ。

参考文献

＊宮崎駿『風の谷のナウシカ』（全7巻）1994年、徳間書店
＊植島啓司『官能教育　私たちは愛とセックスをいかに教えられてきたか』2013年、幻冬舎新書
＊深沢七郎『人間滅亡的人生案内』2013年、河出書房新社
＊JUNZO『人生ドラクエ化マニュアル　覚醒せよ！　人生は命がけのドラゴンクエストだ！』2015年、ワニブックス
＊細田昌志『ミュージシャンはなぜ糟糠の妻を捨てるのか？』2017年、イースト新書

嫌われ男の一生

麻生太郎

フランスで「不倫はモラルに反するとは言えない」という最高裁判決が出たという話の、実際の裁判の内容というのを、私は当初あんまり把握していなくて、仏在住ジャーナリストのプラド夏樹《なつき》さんの本で詳しく知ったのだけど、要はあの裁判はオランド元大統領の事実婚パートナーだったトリユルヴァイレールさんという日本人的には一生覚えられない名前の人との愛人関係を報じられたとある保守派政治家が、根も葉もない不倫報道を「名誉毀損《きそん》」だと訴えたところ、最高裁が、不倫は別に40年前から刑法上の罪じゃないし、つまりモラルに反してるわけじゃないし、だから不倫の噂を立てられたあなたの名誉は毀損されていないよ、という判決を出して訴えを棄却した、ということだったらしい。ってことは不倫の噂を立てられることは、「あの人の携帯キャリアはドコモじゃなくてソフトバンクらしいよ」とか「あの人サボテン育ててるらしいよ」とか吹聴されるのと同じで、事実かどうかに拘らず別にダメージないっしょ、ってことになるわけで、仏の価値観を輸入せよという意味ではなく、単に私はこの話が割と好き。

不倫スキャンダルなど出ると、この世にはもっと重要なニュースがあるのにとか、人の家のことは口出しすべきでないとか、要はそのニュースがニュースたり得ていること自体を批判する声が少なからず上がり、まったくもって正常な感覚だとは思いつつ、重要なことより重要じゃないことの方が全然好きな私は、できれば人生を地方自治法改正について議論したりマンション管理組合のアンケートに答えたりするよりも、他人のセックス事情について不真面目にブツブツ言いながら不真面目にニヤニヤ笑って過ごしたい。不倫と人種問題と人の死や病が同じテンションで真面目に消費される光景は常軌を逸しているけど、それはたぶん私たちが悪いのではなくて、出演者の嫌われる自由を奪ったテレビが悪いと思う。不倫報道で失われる名誉なんて元々あってもなくてもいい程度のものなのだ。

ヘイトや犯罪を排除したところで、ある程度嫌われてもなお存在する自由というのは、本来なら大衆側の嫌う自由と共に常備されていたはずだけど、嫌う自由だけは温室で守られたまま、嫌われる自由を剝奪《はくだつ》されたタレントさんたちは大変だなと思う。残されるのは、常識的なことを辛口な口調で言う「毒舌」と、いい人キャラとセットで小出しにする「破天荒」、せいぜいローランド的な強いキャラで大喜利的に放り出す「パンチライン」くらいで、好かれたくない人にまで気を使うその職は、少なくとも学校的な社会からはみ出るものの受け皿では最早ないのだろう。

ただ、そうやってバルコニーを切り落としたマンションみたいな安全装置の方が、結果傷つく人が少ない、と判断してきたのは私たちなのだろうから、文句を言っても仕方がない。もちろん、嫌われる自由を奪ったのは実はテレビなんかじゃなくて、嫌いながら許す力、嫌いなものの存在を認める力を失った人々であるのは言うまでもない。

さてしかし、市民の多くにその名前と顔を知られるような立場にあって、今でも好き放題に嫌われる権利を行使し、伸び伸びと生きている人というのが永田町《ながたちよう》近辺には存在する。好感度によって得られるポジションが変わるタレントどころではなく、定期的に国民に裁かれるはずの彼らが、なぜかタレントひいては一般大衆よりもずっと「表現の自由」を謳歌《おうか》し、嫌われきってなお存在する自由を過剰に楽しんでいるのが不思議でならない。一部は一般大衆の酒の席でもやや許されないレベルのヘイト発言や、一人を裏切る不倫より些《いささ》か罪が重そうな国民全員への裏切りが入っていたとして、なぜか彼らの名誉が毀損されている雰囲気がなく、ひたすら別の人の名誉が毀損される。もちろん、バッジピーポーのことである。

麻生太郎《あそうたろう》の問題発言集は、ジャンル横断的に広がっているため、彼に言葉で殴られた人たちも、アイヌ、女性、アルツハイマー、ユダヤ系、愛知県民、医者、ワープア、終末期医療患者、弁護士、韓国、ブサイク、セクハラ被害者、若者、「民度の高い」日本以外の全ての国などなど実に多岐に渡り、全部足せば到底マイノリティとは言えない量である。失言増産だけでなく、自死した財務局職員の妻が35万人分の署名を送っても再調査はしないというし、というかそもそも公文書改ざん問題の責任をとる気ははなからなかったようだし、毎回毎回お金はケチるし、かつては政治とカネ問題も度々疑惑が上がったし、漫画ばっかり読むし、漢字覚えないし、渡部《わたべ》じゃなくても自粛し放題のポイントは今までいくらだってあった。

一般人の私には疑問が二つある。まず、なぜこんな人なのだろうかということ。匿名で誹《ひ》謗《ぼう》中傷や罵《ば》詈《り》雑言を垂れ流すアカウントは、行き場のない不満や悲鳴をあげる自尊心を他者への攻撃に変えて消化不良のようにゲリゲリと外に出しているのだと私は思うのだけど、彼らがやめないのは、匿名であるが故に反撃の刃が自分に向いているという意識が希薄だからだろう。ゲームのキャラが死んでも自分自身が傷つかないのと同じように、アカウントが非難を浴びようと投稿不可の罰則を受けようと、自分自身が傷つかない。自分は傷つかないバーチャルなキャラを使用しても、相手には実際に傷のつくリアルなキャラを設定するところが何とも有害で、個人的にはどうぶつの森の中だけでキレたり威張ったりして欲しいのだけど、とりあえず彼らはそれほど不思議な存在ではない。

麻生副総理は写真と本名付きで非難され続ける立場にあるのだけど、では政治家としての自分をゲームのキャラと同じようにバーチャルに切り離しているのか、それとも鋼のメンタルだとか逆にドMとかドSなだけなのか、それほどまでに信念が強いのか、ジョーカーみたいに誕生秘話付きのワルモノなのか、サイコとかそういう方面の方なのか、なんかの罰ゲームなのか。これは淑女のこちらとしては結構重要な問題なのだ。簡単なことが我慢できず、同じ批判を浴び続けても変わらず、自らトラブルを引き寄せて、喉元過ぎれば懲りを知らず、教育されず自ら学ばず、理性も感性も鈍くて自分がコントロールできないおじさんたちに悩まされる日々の鍵《かぎ》を、彼が持っているような気がするから。

何か理由があってこれほど盤石な性格なのであれば、その原因がわからない限り、多目的トイレで雑に浮気する男も、レイプまがいのセクハラをする男も、死んでも謝らない彼氏や思いやりのない夫たちも、変化の機を逃す気がする。

もう一つの疑問は、なんでこんなにも嫌われているのに許されるのかということ。深夜ラジオのノリと言い訳しても許されず、味方してくれる信者にトラップと愚痴っても許されず、芸のこやしとか男の甲斐性《かいしよう》なんて言ったら余計許してもらえなさそうな昨今、彼らとアソウ的なものを隔てるのは何なのか。顔……？　一理あるけどそれなら東出《ひがしで》とか石田純一《いしだじゆんいち》とかましてや山田孝之《やまだたかゆき》なんて何したって許されるでしょうし、田中真紀子《たなかまきこ》をして「口の曲がったわけのわからない」おじさんと言われた顔が飛び抜けた魔性を持っているかというと疑問だ。

これもまた大きな問題なのだ。DV男と別れられないとか、浮気で傷ついても許すとか、セクハラOKの聖域があるとか、モラハラ彼氏に青春の2年を捧《ささ》げちゃったとか、そういう許し魔な私たちが、不当に暴力を浴び続けることの妙を代表しているのかもしれないから。そして現に私の周りの、別に血統的に右派だとか自民党の関係者だとか弱みを握られてるとか自分もレイシストだとかいうことは全くもってない、一見わりと常軌を逸していない女の一部が、「首相には抱かれたくないけど麻生さんなら」「政治家としては枝野《えだの》さんが好きだけど彼氏なら麻生さん」とわりと常軌を逸したことを言う場面には遭遇する。私も言ったことある気がするけど、私の男の見る目のなさはフライパンで殴られた傷とかAVばらまかれた過去とか都庁の前で包丁持って立ってた元彼とかが如実に表しているのでそんなに参考にはならない。

私はアソウ的諸問題を考えるのにとりあえず二つの思い出を引き合いに出して無理やり納得している。

恥ずかしげもなく流行にのるタイプだった中学2年生の鈴木は、なんの意外性もなくアムラーで、どんなに「成長期かつ体力の有り余った時期にそんなもの履いてたら命に関わる」と言われても、厚底ヒールの上から世界を見下したくて脱ぐことはなかったし、母が「本当に申し訳ないけどあなたの顔は父親にそっくりで丸くて肉付きがいいからその髪型と眉毛《まゆげ》はやめたほうがいい」と口を酸っぱくして言っても、真ん中わけのストレートヘアに不自然に細く吊《つ》り上がった眉を維持して今見返すとロバート秋山《あきやま》みたいな惨事になっていたし、ダンシングクイーンとして名を馳《は》せるには運動神経も美貌《びぼう》も足りないと言われ続けても勉強せずにダンシングしていた。

漠然と素敵な人になりたいと思っている人間は変えられるが、強烈なアイコンを疑うことなく追いかけている人は本当に言うことを聞かない。そしてワナビーの悲しいところは外形的なことばかり無批判に吸収して固まり、自分の愛するアイコンの本来的な魅力は何も学ばないことなので、私は安室奈美恵《あむろなみえ》のような芯《しん》のある女にはなれず、バーバリーのプリーツスカートやストレッチブーツだけが残った。

そう言えばどこぞの副総理もファッションは一貫してイタリアンなマフィアを追いかけているし、口調はどう考えてもヤンキー漫画の質の悪い複写で、不用意な発言の端々にはナチスやヤクザなどへの浅はかな傾倒すら見える。そして何か外形的なものを追いかける華麗なるワナビーである限り、どんなに注意されても何を批判されようとも、盲目的に憧れたアイコンを信じるあまりに軌道修正はなされない。そして批判は全て安室奈美恵の魅力をわからないおばあさん世代の戯言《たわごと》よろしく全然心に響かない。

その上、彼が住むどうぶつの森に似たオヤジの森は、馴《な》れ合いの中でお互いのプライドを傷つけず森の外のものを傷つけて、なんとなくお互いの悪いところをそのまま保存するような文化があるので、そういうワナビー的な成り立ちでできた彼の滑稽さは、私が17歳くらいで「あ、これ私安室奈美恵にはなれねーな」と思ったようには是正されないのだと思う。

もう一つの思い出もまた私が中途半端なアムラーをしながらやや学校的な正しさを逸脱し始めた頃の母の言葉で、「非行には二種類ある」というものだ。曰《いわ》く「するべきことをしない不良と、しちゃいけないことをする不良がいて、前者は許されがち、後者は愛されがち」というもの。勉強しないとか学校行かないとか家から出ない、人と話さないなどの人は確かに逮捕されたり殺されたりする可能性は低いけど、口答えするカツアゲする売春する盗んだバイクで走り出す覚えたてのタバコをふかすとかいうヤンキータイプではその危険が多い。

もちろん多くは両方の組み合わせで「学校行かずに暴走行為」とか「家に帰らず援助交際」とかしてたわけだけど、よりどっちのタイプに近いかには分かれ目がある。で、スキャンダルは後者のほうが圧倒的にインパクトがある。タレントのスキャンダルで前者みが強いのって税金の申告漏れとか、ジュリーが予定してたコンサートをしなかったとか、ＹＯＳＨＩＫＩが現場に現れないとか、せいぜい思いつく近年のビッグニュースは、車ぶつけたのに通報せず逃げたというものくらいだ。

果たして日本のバッジピーポーの批判要因は前者系が多い。公約を実行しなかった、再調査しない、謝らない、議事録とらない、名簿を保存していない、謝らない、ちゃんと年金管理してない、責任の所在を明らかにしない、謝らない。麻生副総理はヤンキー口調で余計なことを言うので積極タイプに見えるけど、減らず口を除くと結局はやはりするべきことをしない不良なのだと思う。実際、口調こそヤンキーチックとはいえ、ヤンキー漫画に出てくる「ひどいことを言うキャラ」はヤンキーではなく、生徒を「クズ」と言う教頭先生とか体制側の人間なのだ。そしてひどいことを言う教頭先生は社会に許され、言葉少なく喧嘩《けんか》ばかりするヤンキーたちは爪弾きにされる。

副総理が問題発言を重ねても許され続けているのは、結構みんながその構造に気づいていて、彼が見た目にはアウトローを真似していても、本質的には役には立たないけど危険のない教頭先生のようなものでしかないと判断しているのかもしれない。だからどんなにべらんめえ口調で嫌われても存在を許されてきたけれど、多目的トイレでしてはいけないことをしていたのが彼のほうだったら、そのほうがちょっと愛せるような気もする。

◆あつまれどうぶつの森

任天堂のゲーム。「あつ森」などと呼ばれて、複数の人が「ハマっている」と言っていたので当方名前だけ知っているけれど、実際どんな森なのかは知らない。無人島でどうぶつと共に生活するという設定らしい。どうやら牧歌的な世界観なので、みんな疲れてんじゃないかな。

プレイリスト

アムラー

日本人離れしたスタイルの才能豊かな女性のファッションを、日本人そのまま真似して感じの特に何の才能もない人々が真似をしてあらゆる大事故を招いていた社会現象。厚底ブーツ、ストレートのシャギーとメッシュの入ったロングヘア、ダークカラーの化粧、ショートパンツなどから始まり、彼女が髪を切れば髪を切り、彼女がスーツを着れば、スーツを着る必要のない女子高生たちが、ジャイロやセシルマクビー、キスキスなどで購入した似合わないパンツスーツを着て、堂々と街を闊歩した。

参考文献

＊佐藤郁哉『暴走族のエスノグラフィー　モードの叛乱と文化の呪縛』１９８４年、新曜社
＊佐伯順子『遊女の文化史　ハレの女たち』１９８７年、中公新書
＊高橋ヒロシ『クローズ』（全26巻）１９９８年、秋田書店
＊植島啓司『官能教育　私たちは愛とセックスをいかに教えられてきたか』２０１３年、幻冬舎新書
＊高橋ヒロシ『ＷＯＲＳＴ』（全33巻）２０１３年、秋田書店
＊川上未映子『おめかしの引力』２０１６年、朝日新聞出版
＊プラド夏樹『フランス人の性　なぜ「＃ＭｅＴｏｏ」への反対が起きたのか』２０１８年、光文社新書

多目的トイレの神様

渡部建

マイケル・ダグラスの「危険な情事」は、美人で明るい妻と可愛い娘がいる弁護士が、妻が留守にしていた週末、ちょっとした火遊びのつもりで金髪の妖艶《ようえん》な女と「大人の割り切った関係」を持ったら、向こうは全く割り切っておらず、その上ものすごく思い込みの激しいメンヘラで、別れようとすると手首を切るわ、会社や家にしつこく訪ねてくるわ、ペットを殺すわ、車を燃やすわで、次第に家族にまで危険が及ぶようになる、という、不倫好きの人が観ると世にも恐ろしいサイコホラー、不倫嫌いの人が観るとあまりにも自業自得でザマーミロな映画だ。不倫中の人や不倫願望がある人は背筋が凍るのでぜひ見ると良い。

男性目線で描かれているので、不倫金髪女は完全に狂気じみているのだが、その台詞《せりふ》で、

「自分だけ楽しんで都合がいいわ」というものがあって、それは端的に不倫男のずるさを表している気がする。結婚生活を完璧に維持することを前提として不倫する男は、この「自分だけ楽しんで都合がいい」状態をあまりに無自覚に享受したときに破綻することが多い。先日、多目的トイレで安上がりの浮気を重ね、週刊誌に暴露されたグルメ芸人もまたその類型だろう。何を犠牲にしているのかの意識もなく、自分の理想郷を実現するために妻や複数の女を巻きこんだツケはいつも、自分だけではなく愛している家族や尊敬する仕事仲間が払っていくことになる。

さて、そのグルメ気取りのわりには不倫の仕方はグルメと程遠い芸人について、「日本中が羨《うらや》む人気の美人モデルと結婚しているのになぜ」といった話題と、「美人かどうかと不倫をしてもいいかどうかは関係がない！」という正論がツイッターなどで二周ほどした気がする。どちらの気持ちもわからないではないが、どちらかというと多目的トイレに1万円で呼び出される女の側の視点で世界を眼差して生きてきた私的には、「人も羨む美人妻」と、詳細を声に出すのが憚《はばか》られる品のない不倫という組み合わせはあまりに既視感があるものだ。だから「それなのに何故」は確かに全く見当違いの問いで、付け加えれば「性格の不一致も？」とか「家庭生活に不満？」とかいう見出しも全く的を得ておらず、「人も羨む妻」と「問題なく順調な生活」をしていたことこそ、この不倫劇が典型的なものであることを物語っている気がする。

第一に、冒頭のサイコな金髪不倫女のセリフのように、結婚生活の続行を前提とした、つまり離婚する気などサラサラない男の不倫というのは、自分の都合を究極まで優先した結果、成立している。つまりスーパーミラクル自分勝手な男なのであって、そういう男にとって女というのは、自分の人生を彩り、豊かなものにするツールに過ぎない。そういう男は、自分の世界がより輝き、より完璧な自己満足ができ、より理想を追求するために女性を使うため、「男の理想」を絵にかいたような女を好む傾向がある。西麻布《にしあざぶ》のラウンジなどで見かけた、社会的ステイタスと財力があって、セミプロの女を好きなだけ抱いている既婚男性たちの妻が、ブスであったためしがない。

そして困ったことに、この「全てを手に入れた」ように一瞬見える男たちの意識する「全て」には、妻以外の女や、その女との刺激的な情事が含まれていることがいまだにあまりに多い。何でも欲しがるオジちゃんは、誰もが羨む車や本妻や高級マンションや仕事の他に、「美人の愛人」や「自由気ままなセックス」も手に入れないと、「全て」を達成した気分にならないらしい。

だから彼らにとって、「美人の妻」と「刺激的でディスポーザブルなワンナイト」はセットで、どちらが欠けても満足し切らないので、妻が美人なことは意外どころか絶対条件である。最も「刺激的」は結構千差万別で、「巨乳のグラドルの愛人」を刺激と捉える人もいれば、「どうでもいい女を雑に扱うこと」を刺激と捉える人もいれば、「金のかかる女を両手に携えて好き放題すること」が好きな人もいるのだけど。

第二に、男の傾向として私生活に何の問題もないほうが遊びがちという性質がある。以前、コラムニストのトイアンナさんと話していたときに、彼女が非常にクリアに「男性は家庭に不満がないときに浮気しがち、女性は家庭に不満があるときに浮気しがち」と言っていたのだが、全く確かに男の遊びは、家庭が順風満帆で、これといった不満や不安がなく、妻との関係が安定しているときに発症しやすい。家庭に不満があったり、妻の言動に不信や不安があったりする男は遊びに集中できず、妻を束縛したり、監視したり、DVしたり、モラハラしたり、ぶつぶつ文句を言ったりして時間を浪費する人は多い。

これもまた随分くだらない彼らの性質を表していて、男性や男性自身はデリケートなので、自分の人生や自分自身に揺るがない自信があり、俺ってうまくいってる！　と思っているときほど開放感がある上に、調子に乗りやすいのだ。女性の浮気に、彼氏への嫌がらせや当て付け、もしくは真剣に次に付き合ういい人探しの傾向があるというのは、実は彼女らの方が想像力があるからで、自分の浮気の影響力、つまり誰の自尊心が傷つき、誰を蔑ろにする行為かを理解しているからこそ、嫌がらせとして成立するということになる。男の浮気の傾向がひたすら、自分の満足のさらなる上昇や調子に乗った精神状態での火遊びに寄っているのは、よく言えば無邪気、悪く言えば想像力の欠如した馬鹿で、自分の浮気が自分を満足させるという以外に何か効力があるものだと考えない性質を表している。

付け加えると、このようにして、不倫をバラされる男というのもある種の類型であって、自分の目の前に見えている現実以上のことを何一つ想像せず、自分が粗末に扱った愛人が、自分と同等の人間であり、彼女にも人生があって生活があるという憲法が保証しているような基本的事実を完全に忘却している男たちなのである。成熟した人間扱いされない者は、成熟した人間らしく振る舞う義理がないわけだから、卑劣な手を使い、自分の不貞を晒してでも男のことをバラす。

そして浮気相手に嫌がらせをされたりバラされたりしがちな男は、人の払っている犠牲には全く無自覚で、それ故自分のほうもそれに見合った犠牲を払おうという気がゼロな人種でもある。浮気されている妻や雑に扱われている愛人たちの犠牲を強制している割に、その分自分が手間やお金や時間をかけて、その犠牲を犠牲に値する幸福に変換することをしない。

そんなことから、美人の妻や彼女との生活に何の不満もないことと、雑な不倫を繰り返していたことは、彼らの都合の中では矛盾するどころか、セットになって初めて「全てを手に入れた万能感」をもたらすものなのであって、その思考回路はどちらに対しても失礼極まりない。さらにそれをバラされている時点で、自分の人間としての未熟さを大仰に宣伝しているようなものだ。本当に一部の男というのは、自分以外の生物に脳と心があることを忘却する能力に優れている。グルメトイレ男には、冒頭に引いた映画から、刑事の「仕方ない、自分の撒《ま》いた種です」と言う言葉を送り、破天荒でも独創的でもない、陳腐な様を嘲笑《あざわら》うべきなのである。

プレイリスト

◆**「危険な情事」**

1987年のハリウッド映画。監督はエイドリアン・ライン。私は不倫男に効く劇薬映画として本作と「ゴーン・ガール」、「死の棘《とげ》」が三巨頭だと思っている。

◆**西麻布のラウンジ**

着替えない、お酒作らない、新人教育しない、と、簡単に言うと、「働かないキャバ嬢」を醸成している罪深い場所。なのに下手するとキャバクラより買う方も売る方も価格が高いので、調子に乗った男が調子に乗った女を侍《はべ》らせる、まぁまぁな地獄。

参考文献

＊渡部建『ホメ渡部の「ホメる技術」7　仕事・恋愛・人生を成功させる』2012年、プレジデント社
＊植島啓司『官能教育　私たちは愛とセックスをいかに教えられてきたか』2013年、幻冬舎新書
＊トイアンナ『モテたいわけではないのだが　ガツガツしない男子のための恋愛入門』2018年、イースト・プレス

星野源になりたいボーイと小沢健二の全てに意味を持たせたガール

星野源
小沢健二

どこぞのアーティストが大麻所持の疑いで逮捕されたり、そのようなことが起こるたびに大麻をまるで覚せい剤扱いする国家に憤る若者が発言したり、それに呼応して合法化の議論が始まったりするのを見るたびに、私はなんとなくバタイユの「エロティシズムに関する逆説」の中の「この法外な不条理、この最大の逆説こそ、人間存在のあり方なのだ」という一文を思い出して、ひとりごちている。私の平べったい頭の中に落として言えば、気持ちいいものはダメなことであって、ダメなことは気持ちいいのである。そうやって私たちは分裂している。

先日、甘酒を片手鍋《なべ》で煮ている最中に、知人からメールが届いた。彼女が言ったことを拡大解釈し、私得意の誇張癖によって折り曲げ、甘酒と一緒に2時間ほどコトコト煮詰めてそこにミルクとハニーを垂らすと要は以下のようなことだった。

小沢健二《おざわけんじ》のような王子がもう二度とこの世に現れないいんじゃないかという私の危惧《きぐ》をお前のような下民には理解できないだろう。理解できないだろうが、小沢健二のようなサラブレッドから見れば、私自身もお前と同じような下民。下民同士これからも慰め合って生きていこうという思いを込めて、少し説明してやろう。小沢健二は生まれたときから自分が王子であることを一ミリも疑わずに生きてきた。一重まぶたであろうと、何度帰還しても一度も歌が上手くならず、今となっては微妙なイケメンですらなくなったルックスでも、それでも自分が王子であることを微塵《みじん》も疑わない。この素晴らしさとそれを見上げる私たちの恥辱と快楽がわかるか。冷たく強い風の中、長い階段をのぼり彼の登場を待っていたファンに「ありがとー!」と本気の笑顔で言って、フカフカのリムジンで教会通りの坂を下りてさっさと帰りそうな、下民の気持ちなど一ミリも理解しようとしないラブリーな彼を、華やかな光のなくなったダンスフロアーでダッフルコートすら持たない私たちは泣きながら愛し続けるよ。それだけがこの世の中をアツくするのだから。

さて、私は彼女のような同年代の頭の良さそうな女の子たちがオザケンにほの字だった20年ほど前、残念ながら頭の悪そうな女の子としてカラオケで相川七瀬《あいかわななせ》やGLAYを歌っていたし、大人になったところで、周囲の人たちは何かとオザケンに意味を見出《みいだ》しがちだが、そもそもオザケンに意味を求めすぎなのではないかと思っているような一般大衆なので、彼女の見解をそのまま共有するわけではない。何においても、何かを神格化した途端にその感覚は、入信者以外にはあまりに大げさに映るものです。

ただ、そう言えば昔ダウンタウンが司会を務めていた音楽番組に、ゲストとして登場した小沢健二が、紅白出演時に演歌の大御所が歌っている横でふざけすぎてスタッフに怒られたというエピソードを話し、ぽろっと「なんか全然僕のこと小沢健二だと思って怒ってないんですよ」とつぶやいていたな、と甘酒を飲みながら思い出した。あの清々しいほどの選民意識は確かに今日の日本には発見しづらいのかもしれない。

そんなことが気にかかるのは、最近、星野《ほしの》源《げん》のエッセイ集を2冊連続で読んだからだ。読んだ理由は、仕事で出かけたとある出版社の新入社員である慶応卒の男の子が、突然それまでの髪型を改め、星野源がかけていたのと同型だと言い張る丸っこいメガネをかけ始めたから、というくだらない理由なのだが、確かに文庫本の表紙に写る星野源は、丸いメガネをかけている。昨年、同年代の女性が集まるトーク番組に出演したときも、共演者たちが最近の「いい男」の話になった途端に揃いも揃ってホシノゲン！　と叫んでいたのだが、30代の疲れた女たちと24歳くらいの男の子にがっちり刺さっているってのは、すごいじゃないですか。

興味が湧くじゃないですか。だから下北沢のヴィレッジヴァンガードという、ホシノゲンの本を買うにはなんというかこれ以上ないほどぴったりの騒々しい場所でわざわざ買って読んだワケデス。

エッセイの感想を10文字以内で言えと言われたら「オモシロカッタデス」としか言いようがないのだが、少なくとも彼が場当たり的に、あるいはおぼっちゃま特有の楽観主義で「多様化のなかでちゃんとそれを受け止める器の大きい」(「Real Sound」2017年8月インタビューより)歌をつくりたいとか言ってるわけじゃないのはなんとなくわかる。むしろ汚れた水も必要以上にガブガブ飲んで引き受けるべき立場を自覚して歌っているので、それはオザケンがウキウキ言っているのと結果が近く見えても行為は対極的だ。

彼の近年のヒット曲の歌詞やそれについての発言が象徴的なのだが、彼は下民たちを突き放して教会通りの坂を降りることがない。むしろ徹底的にいろんなものを包摂し、寄り添い、配慮する。男女も「恋」、夫婦も「恋」、ゲイも「恋」、アニオタも「恋」、みんなもシャチョーさんも「恋」。そして「『恋』で全ての恋する人に当てはまる曲をつくったんですけど、唯一そこから漏れてしまうのが恋をしていない人なので」(「Real Sound」2016年10月インタビューより)、CDの二曲目は恋をしていない人に向けた歌を収録する配慮。その、隅々まで目配せしてとことん付き合っていこうというような態度は、「ズートピア」や2016年版「ゴーストバスターズ」よろしく、大抵、正しくはあってもつまらない、あるいは正しくはあっても色気がない、という結果に収束していくのだが、彼が並外れてすごいのは、正しい上にポップで色っぽくあるということを達成しているところだ。

寄り添い型おじさんの大家と言えば夜回り先生だが、水谷修《みずたにおさむ》が「朝まで生テレビ！」に出演したとき、共演者であるプロ教師の会の教員がこんなことを言っていた。「僕は水谷さんは街の聖者だと思っている。でも僕らは聖者じゃなくてシステムとしての教師だ」。そういったある種の理性的な諦めというのは生きていく上で大変重要だと思う。誰もが24時間、死にたいとか殺したいとか言う若者のお悩みに答え、ヤクザの事務所に生徒を取り返しに乗り込み、ODで倒れた女子に付き添ったりできるわけじゃない。水谷修ですら、無理も祟《たた》って闘病中であることは彼自身が語っている。

しかし星野源はエンターテインメントの質を落とさずに夜回り先生並みに「いいんだよ」を連発し、先日の紅白では「恋」からさらに裾野《すその》を広げてほとんど大地讃頌《だいちさんしょう》なみに懐の広い歌を披露していた。「Family Song」なのに母も父も姉もおじいちゃんも出てこない周到ぶりで、歌はうまいし顔もかっこいい。そう言えば、彼のエッセイにも過労や大きな病気で倒れたエピソードが二回も出てきた。

で、私は星野源のような男は二つの意味で彼氏には不向きだと考える。

第一に、配慮が行き渡った正しい態度の男といると、私たちは必ず劣等感に苛まれる。私たちだって、ダイバーシティを愛し、排他的ではなく、なるべく誰もが幸福になる世の中がいいと思ってはいますが、どうしたって身体に染みついてしまった習性というのはあって、現行の結婚制度に甘んじて苗字《みょうじ》を変えたり、結婚式でてんとう虫のサンバを歌ったり、見知らぬ国の他人の子より自分の血の繋がった子を愛したりしたい。そんな間違った私ですら彼は包み込んで歌にしてくれそうではあるが、なんだか正しいことを楽しいと思えない自分がいやになりそう。

第二に、いろいろなことに目配せしすぎると、体力とお金と時間が持たない。とりあえずひどい妄想癖のある私は彼と脳内で結婚してみたのだが、こんな感じで一瞬で離婚した。


「結婚式のお料理、リブステーキのコースがいいかなぁ？」

「それはどうかな？　宗教上の理由で食べられない人もいるかもしれない」

「そっか、じゃあ伊勢海老《いせえび》？」

「ビーガンの人も多いし、アレルギーや痛風の人だっているよ」

「う、じゃあそれぞれが好きなもの選べるのがいいかな、値が張りそうだけど……」

「それと、君のプランだと都内のチャペルと近くのホテルで披露宴になっていたけど」

「うん、二人とも東京に友達多いし」

「遠方の人にはフェアじゃない気がする」

「お車代を出すのがいいかな？」

「それか、いくつかの土地で何回かに分けてやるのもいいかな」

「え……」

「あと、いろんな国の人が来るかもしれないし、宗教も文化も様々だから、日取りもどこの国でも休日で、ラマダンとかそういうときは避けなきゃね。子ども連れの人とか、車椅子の人とか、みんながスムーズに楽しめる会場にしなきゃね」

「ごめん、なんか疲れてきた」


というわけで、彼がスーパースターであることを一寸《ちょっと》も否定しないが、世の男子たちが真似するのは丸メガネくらいにしておいていただきたいと切に願う。世の女は星野源の包容力にも惹かれるが、下民の気持ちを一切理解しようとしない王子様もかなり好きで、自分ら自身も包容力を持ちたいと思いつつ、時々本当に心が狭いものなのです。「この法外な不条理、この最大の逆説こそ、人間存在のあり方なのだ」。

◆「ゴーストバスターズ2016」

米コメディのマスターピースである「ゴーストバスターズ」を、4人の冴え

プレイリスト

ない男ではなく、ブスとババアとデブがお化けを退治する話に作り替えた、ある意味ポリコレ的逆ギレのマスターピース。

◆**水谷修**

高校の先生をしながら、夜の繁華街をパトロールし、非行少年少女に「いいんだよ」と呟きながら手を差し伸べるという活動を開始。高校を退職後もパトロールは続け、講演やテレビ出演などでいっとき脚光を浴びた。

◆**相川七瀬**

織田《おだ》哲郎《てつろう》プロデュースでデビューした、ロッカー風女性歌手。頭の悪いギャルがカラオケで歌うと大変盛り上がる。「夢見る少女じゃいられない」や「恋心」を記憶している人が多いが、最高傑作は「バイバイ。」。

参考文献

＊三島由紀夫『不道徳教育講座』１９６７年、角川文庫

＊ジョルジュ・バタイユ著、生田耕作訳『聖なる神』１９９６年、二見書房

＊水谷修『夜回り先生』２００９年、小学館文庫

＊星野源『そして生活はつづく』２０１３年、文春文庫

＊星野源『働く男』２０１５年、文春文庫

＊宇野維正『小沢健二の帰還』２０１７年、岩波書店

世界はそれをクロと呼ぶんだぜ

箕輪厚介

鬼滅の刃

愛の不時着

昔は一番汚れたところに一番美しいものがあると愚直に思っていて、だから悪いものや傷のついたものに囲まれているほうが良かったのだけど、最近はできれば誰も傷つかない綺麗な庭で子犬と戯れ果実を捥《も》ぐような妄想が弾むし、NHKのアナウンサーみたいな顔が好きになってきたし、昔はいちいち殴りかかりたかったような、お互いを「ぶぅ」とか「にゃんちゃん」とか呼び合っているカップルを見ても目を細めていられるし、多分半分は歳を取ったせいで、半分は疲れているせいなのだと思う。

そう言えば4年前に死んだ母は、歳をとって癌《がん》になってから、「色々なものが怖くなった」と言って、残虐シーンがあるような映画や漫画すら受けつけなくなっていた。別に私は自分の死期は悟ってないけど、米国の友人から日々届く警官たちの無慈悲な暴力も、便乗して略奪を行う一部の暴徒も、各国の新型肺炎による死者数のグラフも、政治家たちの思惑も挑発的な加藤紗里《かとうさり》のインスタも、どれも見れば見るほど気が滅入《めい》って、細部に神が宿るなんてことすら疑わしく思えてくる。

というわけで、かつてはわざわざ汚めな街に勇んで入っていったような私も汚いものに惹かれなくなってきたし、ここでも汚い男の話をする前に、とびきり綺麗な男の話でもしたいと思うのだけど、そう言えば最近、私を含めた私の周囲のニッポンのおばさんたちが、竈門《かまど》炭治郎《たんじろう》とヒョンビンに異様な涎《よだれ》を垂らしまくっている。

炭治郎はアニメから爆発的な人気に火がついた漫画『鬼滅の刃』の主人公で、人食い鬼を退治する鬼殺隊の隊員、つまりは殺傷を生業《なりわい》とする者なのだけど、もともとは炭を担いで山を下り、父親亡き後の家族を養うためにせっせと働き、しかも街では多くの人に愛され、必要とされ、彼自身そんな期待に愚直に応えるタイプ。作品冒頭では妹を守るために自分が囮となって剣士に歯向かっていくような自己犠牲的な一面もあり、勇敢で、努力家で、信念は強いけれども押し付けがましくなく、人の話をよく聞くし、人の事情をよく想像するし、仲間を大切にするし、そもそも漫画なので毛穴や体臭もない。

ヒョンビンのほうは、人気の韓国ドラマ「愛の不時着」で北朝鮮の軍人役にあたる俳優の名前だ。北朝鮮の軍人といえばごくごく勝手なイメージの中では融通がきかず上下関係が厳しく行進が得意のような感じだけど、彼は物腰が柔らかく気品があり、礼節をよく知る。実は超偉い人の息子で、元々は軍人なんてマッチョなもんじゃなくピアニストを目指しスイスまで留学していたおぼっちゃまなのだが、そういった環境を鼻にかけることなく、前線で地道に活動する。平壌から離れた前線地帯の村での暮らしぶりは極めて質素、料理など超マメで、コーヒーは豆から煎るし、飛び抜けて部下思いで村の口うるさいおばさんたちにも優しいし、こちらもまた自己犠牲的な性格で、正義感は強いけれども独善的ではない。身長は185センチだし。

と、要は双方見た目も性格も非の打ち所がなく、そんな二人をいきなり並べて男のなけなしの自尊心を踏みにじって申し訳ないけど、男の自尊心を踏みにじるのはいつだって楽しいので先に進むと、必ずしも常に非の打ち所がない男ばかりに惹かれているわけではない複雑な乙女たちがなぜこうも夢中になっているかということに当然興味が湧く。お見合い相手の非の打ち所がない経歴を横目に非の打ち所しかない男に狂って20代を棒に振るのが私たちの特技だし、そもそも、居酒屋で奢ればセクシストだと、逆に奢らなければ甲斐性無しだと罵られ、守ってあげるねと言えば前近代的価値観を説教され、守らず逃げれば男らしくないといまだに白い目で見られる今日の男事情を考えると、正解の男、何ていうものは太らないパンケーキ、というくらい不可能で矛盾した存在になってしまう気もする。

おそらくそんな太らないパンケーキを求められる現代において、前出の二人は限りなく正解に近いのだ。女の子の希望は、尊重されたい、でも守って欲しい、と難しく、従来的な「らしさ」でいうところの、お金と腕力と命は引き続き差し出して欲しいが、女を黙らせて所有しようとするようなところは綺麗さっぱりアンインストールして欲しい、と、我ながら身勝手でわがままなのである。

と、この困難な状況の打開策としてこの二つの優れたフィクションは巧妙な仕掛けを持つ。片方は、守るべき女が鬼に殺されかけて鬼の血を浴び、人畜無害な「鬼」に変貌してしまっているし、もう片方の女はパラグライダーの事故で不法入国自体が非常に危険な北朝鮮に不時着してしまっている。つまり「女だから」という女のプライドを酷く傷つける動機づけではなく、彼女たちの、彼女たちのせいではない困難な状況こそが、彼女たちが彼を頼らざるを得ず、また彼が彼女たちを守る理由として目眩《めくらま》しをしてくれるのだ。よって「男の俺が」と言う性差による留保なしに、しかし現場では非常に従来型のヒーローに近い動きで男が女を守る。この、全くプライドの傷つかない「不遇による弱い者扱い」に、私たちが酔いしれない理由など一つもない。彼らはやはり、矛盾を力技で打ち破った、正解の男である。顔も含めて。

正解の男二人におばさんたちがハートを鷲掴みにされるのはもちろん、この世が苦界でございまして、現実ではあまりに不正解の男にばかり遭遇するからだ。不正解の男とはすなわち、従来の男らしさの良い所と新しい時代の価値観の良いところを合わせた前出お二方の真反対で、従来的な男の嫌なところと、新しい時代の嫌なところを組み合わせたような生物を指す。

先日「週刊文春」に、仕事相手であるライターへのセクハラおよびパワハラが報道された「天才」編集者について、文春オンラインは続報として、報道後に彼が自身のオンラインサロン会員向けに放った動画の内容を公開した。「あいつが一番××××（差別用語）」「反省してないです」といった発言内容や言葉遣いは、最近汚いものを見るのが苦手な私としては二度見はしたくない荒《すさ》んだものである。顔も含めて。

「従来の編集者という枠組みにとらわれず多方面で活躍し、オンラインサロンは高額にもかかわらず１５００人とかの会員がいてツイッターフォロワーは21万もいる」彼は、黒川《くろかわ》元検事長の賭け麻雀疑惑が報じられたのと同日、彼から請け負った仕事が今後のキャリアの礎となりそうな新人の女性ライターの仕事を突然上からの命令でキャンセルしたことと、仕事の依頼をした後に、「下心がまったくない」とした上で、彼女の自宅を訪問し、「でもキスしたい」などと迫ったことが報じられた。実際誰と何があったのか知らないが、少なくとも開示されたメッセージの応酬が立場の違いによる威圧と下から頼み込む言葉とで相手の断る力を拒絶したものであることは、他の文筆業の方々などから幾度も指摘されている。

その上で、報道による批判の声が強まると、サロン会員向けに、涼美が悪意をもって要約すれば「俺は普段からこんな感じで普通のことしただけなのに、やべー女に手出しちゃってすごい被害に遭ってる」というような内容のことを動画で発し、ツイッターでは「死にたい」とツイートして以降長らく何のコメントもしないままだった。若き女性プロレスラーの死によって、死とネット炎上に過敏になっている多くの善良な市民はこうして批判の言葉を封じられた。死に向かう者に鞭《むち》打つことはできないし、本当に死ぬくらいなら悪しき者、醜い者でも生きていたほうがいいと願うのが人間だからだ。私もいかなる場合でも誰の死を願ってはいない。関係ないけど、一貫して死刑反対派でもある。ただここまででも、彼が従来の男の、自分勝手で女を舐めてて上に媚び諂《へつら》うような嫌なところを保存したまま、現代社会の嫌なところを丸呑《まるの》みしたような存在であることは窺《うかが》える。

私は彼と仕事上の関係はないが、記憶の限りでは4回同じ場所に居合わせたことがある。うち2回は複数人のゲストが出るテレビ番組で、1回は知人たちと連れ立って行った格闘技の試合会場で合流した。で、もう1回、初めて彼を生で見たのは、当時書籍の内容をめぐって幻冬舎と対立関係にあった水道橋博士《すいどうばしはかせ》と彼が格闘技のルールで殴り合うというイベントだった。なんでそんなところにいたかというと、とある知人の結婚式の余興を手伝った見返りに、寿司《すし》を奢ってもらおうと出かけたら、「寿司の前に、格闘技の試合に顔を出したいので付き合ってほしい」と言われたからで、私は何の情報も持たずに「格闘技の試合」だと思ってイベント会場に連れられて行って、どうやらその格闘技の試合は格闘家の試合ではないようだというのを察し、その場でスマホの検索を駆使して、イベントの概要と、それまでの水道橋博士の発言の経緯などを調べたのである。

リングの上には、プロの格闘家について特訓をしてきた30そこそこの元気な若者と、50代半ばの『藝人春秋』などで執筆面でも才能を見せるお笑い芸人が立ち、リングの周りの席は、水道橋博士に対して「引っ込めー」などとがなり立てる若者たちが固めており（後から聞けば、あれが箕輪《みのわ》オンラインサロンのメンバーらしい）、当然殴り合いは元気な箕輪勝利ですぐに決着がつき、礼をすることもない彼はリングを囲む若者達に向かってロープに乗ってアピールを繰り返していた。その姿のあまりの胸糞《むなくそ》の悪さを当時いくつかの媒体で書いた記憶があるけど、私はセクハラ云々よりもその姿こそが彼物語では重要と思っていて、さらには此度《こたび》の週刊誌報道も含めて、その第一印象をひっくり返すような事柄にはそれほど出会っていない。リング上で見た限り、彼は自信のなさを姑息《こそく》な形で無理やり隠そうとする、あまりに凡庸な根性を特性として持つ気がする。

なぜ言葉を仕事とする大人二人が、体格的にも年齢的にもアンフェアな殴り合いの場で戦うのか。そのこと自体が、言論人として戦えば勝ち目がないと実証しているではないか。口喧嘩で勝てなそうな相手を、勝てそうな方法を選んで黙らせるのは、男が何百年と腕力だけを頼りに繰り返してきた愚行である。別に男の拳の勝負を全否定なんてしないし、ヒョンビンも炭治郎も武力は使うのだけど、シンプルな言論での意見対立に拳《こぶし》なんて持ち出したら文明人としての負けが確定する。

なぜそんな場が用意されたか。その素人による異業種格闘技イベントは箕輪と付き合いのある堀江《ほりえ》貴文《たかふみ》が主催するものらしく、箕輪が「博士に絡まれていたのをホリエモンが見つけて」対戦が決定した。文春に告発をしたA子さんの件でも、週刊誌報道のラインやり取りを見る限り、箕輪は彼女の執筆を「大丈夫だと思って進めてきた」にもかかわらず、「社長」の一声で「たしかにそうだなって俺も思っちゃった」とすぐに取りやめ、その「社長」がA子さんに冷たく当たった直後には、路上に彼女を放置したまま携帯で指示されるままに「社長」の下に走った。彼はよほど決定権がないか、よほど自分の決定に自信がない、誰かの指示をそのまま行動に移すだけの、中が空洞な機械であると端からは見える。一応私もライターではあるので追記すると、編集者の多くはサラリーマンとはいえ本を作る人たちなので、著者と同じかそれ以上に原稿に愛情を持っていて、なおかつ文化系にありがちな体制嫌いなところが多分にあるので、上から「この表現変えろ、この社名出すな」などと指示が来ても、最後まで著者に代わって嚙みついてくれる。泣く泣く大人の事情で変更を余儀なくされたときなど、次の週まで編集長を呪っているものだ。「別の出版社に持っていきましょう」と堂々と自社を裏切ってくれる人もいた。

ちなみに一般論として、セクハラというのはそもそもその自信のなさの最たるもので、多くのセクハラ人たちは、単に女を口説いて落とす自信がないため、力関係によって自分を拒絶しないとわかりきった人にのみ、セクシャルな近づき方をする。道でやったら痴漢でも、社内でやれば笑って許してもらえるような文化が確かに従来の男社会にはあり、自信のない男たちは勝手なオアシスとして、立場の弱い部下や下請けの女性たちを口説いてきた。

加えて「やべー女に手を出した」という言い訳も、あまりによく耳にする。相手が異常な者でなければ、状況証拠的に自分の論理が通る自信がない。さらに、一度口説いた相手を「××××（差別用語）」「異常な人」と報道後にわざわざ口にすることは、実際その女がどんな性質かにかかわらず、単に自分の女を見る目にもからきし自信がないのをわざわざ自分で告白している。しかも彼に関していえば、「A子さん」の告発に対して一度も公の場で反論しておらず、自分の論理は、閉じられた猿山の中以外では彼女の論理に勝てそうもないこともまた、わざわざご親切に自分から吐露しているのだ。

彼が動画の中で、自分が嫉妬されているという文脈の中で発する「だって実力が違いすぎるんだもん」は、深層心理では、彼の本意とは逆向き、つまり普通の編集者として編集の仕事をしては、他と実力の差がありすぎて太刀打ちできないから、正攻法ではない形で仕事をせざるを得ないと言ってるんじゃないかと、意地悪なおばさんこと私は訝《いぶか》しむ。別にそれ自体は悪くないというか、人間そんなにみんな実力者じゃないし、一番は一人しかいないので、まっすぐ向かって勝てない相手には何かしら奇策を出すものではある。私がこの本の元となったウェブ連載ページのタイトル題字横で乳を放り出し続けたのも、そんなもんである。ただ、その自覚が綺麗に欠如している空虚さが、リング上でおじいさんを無邪気に殴り続けた彼らしい。

空虚な人間は、主張の強い人間とは結構相性がいい。加えて、彼はテレビ番組などの裏で挨拶《あいさつ》を交わす限り、極めて温厚で可愛らしい態度の青年である。その水道橋博士のイベントの後、怒り冷めやらぬ私は、彼と付き合いのある同業者ら複数名に「きっととんでもない悪口が聞けるだろう」という邪心から彼のイベントの話をしたが、「会うと意外と可愛い人だよ」とか「殴り合うタイプじゃないんだけどね」とかいう肩透かしな言葉が返ってきた。我の強い編集者や書き手、経営者などは、自分の考えをつっかえることなく飲み込み、100%同意・共感・同化する彼と話すと意外と心地よい可能性もなくはない。

ちなみに私も、威張れる要素が何もない割に主役でいたい人間なのだけど、共演した番組のCMの間に「本の話」を彼にふったら、あまりに見事に「売れ行きの話」と「マーケティング戦略の話」しかしない人（販売部の人だってもうちょっと中身の話をしてくれる）だったので、「上」の人間の思想はグイグイ飲み干すけど、「下」の人間には「俺の得意な話」と「俺がすごい話」しかしないタイプなのかもしれない。で、その上下は、それこそフォロワー数と「いいね！」の数とかなんだろう。

アジア映画初のオスカーを手に入れた「パラサイト」は、残虐かつ世の中の汚い部分をどんどん見せるような内容だが、監督のポン・ジュノが、映画製作というブラックにならない限り無理、みたいに思われていた労働現場でさえ、役者やスタッフの労働時間を基準内に抑え、パワハラなどせず、とてもホワイトな姿勢で製作に挑んだのは有名な話。貴公子のような柔らかい物腰のイケメンの、ワイルドなセックス、みたいなワクワク感をそこに感じるのだが、お行儀と人当たりの良いビジネス本を得意とする箕輪が、仕事の現場でブラックな行為ばかりしているとしたら笑えない。粗野な乱暴者で、ベッドではマグロ、みたいな話だし、そんなギャップには誰も萌《も》えない。

A子さんの話が全て実証されるまでもなく、「不正解な男」っぷりがあまりに目立つ彼にかけられた容疑は、報道を見た部外者の私からすると「クロ」ばかりだが、彼自身の性根は「シロ」いのかもしれないとちょっと思う。ただし、潔白の白ではなく、空白の白だけど。

◆**愛の不時着**

ネットフリックス中毒の若者だけでなく、おじさん・おばさんも含めた全方位に人気が広がった2019〜2020年の韓国ドラマ。ちなみに私は主人公のソン・イェジンに似ていると、放送時に何度か言われたが、コロナ禍で太ったら誰も言わなくなった。

プレイリスト

◆パラサイト

2019年の韓国映画。貧乏くさい話ではあるが、アジアン・エンタテインメントの実力を示した傑作。オスカーでは、ポン・ジュノ監督が、タランティーノやスコセッシを抑えて、監督賞も受賞した。スピーチではスコセッシの言葉を引用し、タランティーノが以前から注目してくれていたことに感謝を述べるなど、全方向に気を使う人たらしっぷりを発揮。

参考文献

＊太宰治『人間失格』1952年、新潮文庫
＊ドストエフスキー著、工藤精一郎訳『罪と罰』（上・下巻）1987年、新潮文庫
＊ジョーダン・ベルフォート著、酒井泰介訳『ウォール街狂乱日記「狼」と呼ばれた私のヤバすぎる人生』2008年、早川書房
＊水道橋博士『藝人春秋』2012年、文藝春秋
＊「ユリイカ」（韓国映画の最前線）2020年5月号、青土社
＊吾峠呼世晴『鬼滅の刃』（全23巻）2020年、集英社ジャンプコミックス

この街に降り積もってく真っ黒な悪の華

松浦勝人

惡の華

ブンガクというと何よりもアンチヒューマンなのだと、酒を浴びて女を殴って少女の片腕を持ち帰り、異常なまでの浪費の末に破滅してこそこれブンガクなのだという思い込みの時代を生きていなくとも、破滅的な生き方への傾倒というのは確かにあって、特に文化芸術の分野ではかつてはそういったものこそホンモノみたいな印象は強かったし、70年代の香り冷めきらぬ時代に生まれた私も含めて、今でも半ばそんな価値観を拭《ぬぐ》いきれない者は結構多い。

多くの文学少女は太宰《だざい》やサガンや安吾《あんご》やボードレールやドグラ・マグラやねこぢるを読んで思春期を過ごしているし、ヒルズで割と最近やってたバスキア展は信じられないくらい混んでいたし、カート・コバーンやジミヘンやジム・モリソンや尾崎《おざき》やシド・ヴィシャスや

（以下略）など夭折《ようせつ》した音楽家も伝説化しやすい。甲子園など若さを捧げるに足る目標があるわけでもなく、早くから頻繁にセックスにありつくモテもなく、運動や流行やオカネなどとそんなに相性がいいわけでもない多くの若者が一度は、こういった刹那的で退廃的な匂いに憧れ、自分も実はそっち側なんじゃないかという淡い勘違いを重ね、若さ特有の肥大した自意識にまみれて世や親や学校を憂えて無礼な態度を取るものだし、その、伊集院光《いじゅういんひかる》が中学2年生の病と名付けたような事態は、「パラパライベントへ行くときにヤプーとかバタイユとかをポケットに入れてるワタシってフクザツ」、なんて思い上がりながら赤面の若年期を過ごした私は大いに身に覚えがある。ちなみに鈴木涼美というペンネームは本名を捩《もじ》って鈴木いづみをオマージュしたものなので、自分の凡庸さを実感せざるを得ない年齢になっても、完全に治癒したというわけではない。

さてしかし残念なことに27歳で死ぬわけにもいかなかった凡人の私は、凡人なりに逞《たくま》しく図太く生きていかねばいけないので、昨年「漫画の『悪の華』が映画になったんだよ」と聞いたとき、ボードレールの『悪の華』を愛読する少年を描いた押見修造《おしみしゅうぞう》の漫画『悪の華』のほうではなく、完全に「特命係長」シリーズの柳沢《やなぎさわ》きみお作『悪の華』のほうだと勘違いした。ちなみに柳沢漫画のほうは特にボードレールは出てこないが、大手芸能プロの敏腕社員だった男が大金と引き換えにタレントに薬物をばら撒いていたミュージシャンの罪を被《かぶ》せられて実刑を受け、1年半の刑期で出所してくるところから始まる。2億円で仕事も恋人も人生の希望もふいにしてしまって生きる気も失っていたが、たまたま道で拾った何の才能も個性もない女をプロデュースして売り出しているうちに再び芸能魂に目覚め、荒々しく毒々しい芸能界で返り咲こうとするが、かつての恋人を奪った元上司やヤクザなどが立ちはだかる。

ちょこちょこ何かとリンクするようなキーワードがあるが、そういえば先日「クリエイティブに専念」するためCEO退任が発表されたエイベックス創業者の音楽プロデューサーは、今年センテンススプリング・オンラインで大麻使用疑惑などが報じられた。箕輪報道と同じように元社員の「A子さん」の告発という形で書かれ、本人は否定している記事の信憑性《しんぴょうせい》を検証する術を私たちは持たないが、幾度も所属タレントの薬物トラブルや自身の大麻疑惑が報道されてきただけに、彼が元社員とハワイで今年最初の悪の華を二人寄り添って眺めていても、「ありそうな話だけどそれほど意外性がない」という感想しかあんまり浮かばないし、私と同じような人が多いのか、別に話題にもなっていない。

一応日本では違法薬物ということになっている大麻に誘われたという「A子さん」は怖かったかもしれないし自身に愚かな部分もあったかもしれないが、少なくとも無頼を真似ても様にならない「天才」な編集者などに、凡庸そのものな口説き文句でパワハラを受けるよりは、目眩《めくるめ》く時間のように聞こえる。

ただ、その信憑性は置いておいて、記事で私が面白かったのは、A子さんが語る元CEO

の「クスリ周期」の話だ。彼女曰く毎年9月の音楽イベント「ウルトラ」からハメを外し、誕生日がある10月はパーティーナイトが続き、年末年始の恒例のハワイまで日常的に違法薬物を摂取する日々が続く。しかし年が明けるとその悪習を断ち、6月の株主総会前はとても神経質で、そして夏が過ぎ風あざみ、またウルトラシーズンになるのだという。

これが本当だとしたら、さすが27歳で繊細な音を残して死んでいったミュージシャンたちとは違い、レコード店アルバイトから巨大グループ企業を興してJ-POPの頂点に座り、ミリオンヒットを飛ばしまくった人だけに、破滅的な遊び方も極めてネオリベっぽいと言うか、悪の華を用法用量を守って食べ続け、しかしマクロビもやってるみたいな、よく言えばバランスの取れた、悪く言えば繊細さと一般常識の両方が欠けた、俗世と相性の良いズル賢さに溢れている。

押見修造のほうの『悪の華』には、平凡で退屈な町から出ることができずに、しかし古本屋に通って日夜ボードレールや萩原朔太郎を読んで、この町の凡人たちと俺は違うと思っているような凡庸な中学二年生の少年が描かれる。くだらない会話とパチンコ屋しかない町は山に囲まれていて、山を越えて「向こう側」に行こうという画策が、序盤のハイライトである。その文脈に載せてみれば、件のプロデューサーのようなネオリベ系の不良おじさんはいともたやすく向こう側と退屈な俗世を行き来し、どちらも飼い慣らして見える存在ではある。

ただし、そこに通行切符として介在するのが日本では違法な大麻だとしたら、何のオリジナリティもなく退屈なのだけど。

『悪の華』では中学時代の少年の周囲に二人の少女が登場する。片方は、友達も多く、美人でクラスのマドンナ的存在だった女で、もう一人は変人として孤立しており、少年の弱みを握って露悪的な命令を下してくる女。当初は変人を怖がって避けたがり、美人のマドンナをミューズとして崇めていた少年だったが、ひょんなことからマドンナと近づく運びとなると、その幸運をふいにして、世の中を「クソムシ」と蔑む変人の方に傾く。美人マドンナを脳内で都合よくミューズにしていた頃は、彼女の体操服を触るだけで興奮していたのだが、マドンナは実際に触れてみれば彼の妄想の中に収まるような都合の良い存在ではなく、生身の性的な女で、ずっと強く、またどんどん変化していく。彼女が変化していけばいくほど少年はかつての憧れのミューズである彼女から逃げて、変人女との悪の道を辿《たど》って「向こう側」を目指そうとする。

マックス松浦《まつうら》というと私にとっては90年代J−POP全盛期の大物プロデューサーで私らの青春を彩ったTKの解決金を払ってくれたお金持ちというイメージで、去年まではおそらく同じように裏方の大物というイメージ以上のものを持っていなかった人は多いのではないか。ましてや彼の顔など、そんなに気にしている人はいなかった。

しかし、昨年、平成の歌姫あゆと彼との関係をもとに「事実に基づくフィクション」というあゆの直筆メッセージ付きで出版された『M　愛すべき人がいて』を読み、あゆと彼との関係を知り、デビュー初期の数多くのあゆの歌詞を聴きながら、まじまじと彼の顔を拝見した人も結構いるはず。発売当初、ツイッターなど見ると「大好きな曲、長瀬《ながせ》のことだと思ってたらサル顔の小さいおじさんでショック」的な勝手な妄想女子たちの書き込みが散見された。

ジャニーズきってのいい男と比べられたら不憫だが、それでもそれまでは多くの人がぼんやりと思い出せる程度のそれほど良くも悪くもない顔面だった。しかし経営とプロデュースの才能に恵まれた彼はＪ－ＰＯＰ業界の大物という強大なパワーを持っているので、傾向的に後天要素に惚《ほ》れることが多い女の特性を考えれば、あの超歌姫に心が潰れるほど愛されても、そんなに不思議ではない。

作詞も一貫して自ら手がけ、衣装やステージも斬新なものを提案し続けた浜崎《はまさき》あゆみは、少なくとも平成の多くの女子にとって、自分の力で立ち、男も怯《ひる》むほどの成功を摑んだ女性の代表格だったと思うが、どっこい『Ｍ』では随分と、「マサ」に作られた極上のミューズとしての位置に甘んじている。この辺り、あゆの懐の深さのような気がするんだけどそれはまぁいいとして。

私が『Ｍ』で最も好きなのは、あゆが本人も驚くほどどんどんどんどんビッグになり、ティーン女性を中心に世の中に大きな影響力を持つようになっていくほど、「マサ」が次第にあゆを避けるようになる箇所だ。

名も知らぬ女たちと遊び、毎晩前後不覚になるまで破滅的に飲み明かし、最大のプロジェクトで最愛の女である歌姫の下に帰ってこなくなる。ヴェルファーレで「マサ」と出会ったとき、あゆは何も持っていない売れないタレントだった。「マサ」の魔法がなければ普通の女の子であったかもしれない彼女を手塩にかけて一流のアーティストに変身させ、もはや自分よりも世間的インパクトのある存在にまで成長したところで、ここがヒギンズ教授と真逆なのだけど、「マサ」は彼女から逃げ出す。

女に上からいろいろ教え、彼女に見える自分の影響を楽しむくせに、手に負えないほど成長し、自分より大きな存在になったら心のバランスを崩す、という展開は最近ではレディ・ガガが主演を務めた「アリー　スター誕生」にも見られた、ある種の男の愚かしい性質である。育って欲しいのか育って欲しくないのかよくわからないそのアンビバレンスは超自己中で、期待に応えた女としてはいきなり梯子を外されるような「え？」な事態だし、頑張るべきだけど頑張りすぎると男に愛されないという現代女性の多くが経験したことのあるジレンマも、多くはこの男の「見出した女を育てたい（でも急成長して身長抜かされたら困る）」「女性活躍応援します（俺より小さい活躍に限る）」「何も知らない少女にいろいろ教えたい（しかし何も知らない無垢《むく》さはそのまま持っていて欲しい）」みたいな自分勝手な理想のせいだと私は思っている。
自分より背丈の大きくなった女は小さく無知で愛らしくなくなっているだけでなく、自分を批評できるようになってしまうかもしれないし、自分のサイズを上から見られてしまうかもしれない。確かに自分の自尊心への脅威だ。自分の手の中に収まる人形を日に日に自分の手で魅力的に仕上げていた男にとっては、その人形に批判されることなど屈辱でしかない。本当は最初から、人形なんかじゃなかったのに、それより経験があるとか長く生きているとか知識があるとかいう慰めが、男にそういう夢を見せていたともいう。

『悪の華』の少年は、かつては本など読まなかったマドンナに、生き生きとシュルレアリスムやボードレールを紹介し、薦め、美人でみんなからも愛される彼女と近づけることに興奮するが、彼女が彼との関係をきっかけに生々しさを露呈し出し、強さを獲得した彼女の様子を目の当たりにすると、彼は自分が極めるべき悪の道はそちらにはないと言い訳がましく、悪の象徴としてこちらも崇高な変人の方に逃げていく。こんなクソムシな町でボードレールを理解できる自分は凡庸なマドンナなど捨てて「向こう側」に行けるはずだと変人女といろいろと画策するが、結局何度も失敗する。しかしその度に懐の深さを見せるマドンナに心を開かず、結構序盤で「読んでる自分に酔ってた」「私こそクソムシ」という気づきを経験するものの、それでも肥大した自意識のまま、自分の力では俗世となかなか仲直りはできない。

悪の道を象徴する変人女はドラッグのような女だ。共にいれば背徳感に酔いしれることができるし、退屈な街から飛び出して行けそうな気分になるし、命令に従っているという言い訳もくれる。修羅の道のように見えて、実は生身の成長する女と共にいるよりも楽なのだ。そして当然、そっちに「向こう側」なんて実はないし、それは中二の夏が過ぎれば多くが悟っている。

才能あるプロデューサーにまで上り詰められる男が、そんなことを知らないわけもなく、だから脅威になる程成長を続けていく女からパリピたちの集まりに逃げ込もうが、株主総会を終えて今年最初の悪の華を吸い込もうが、何かが極まっていくようなことがないのは承知であるに違いない。むしろ逃げ込んだ先の背徳すら毎年「なあんだ、たったこれしきのことか」と退屈になるはずだ。

成長とは自分の凡庸さを受け止めていく過程だと習ったが、それは当然、才能がある人であるほど、並外れた能力があればあるほど、成功を摑んでいればいるほど難しい。A子さんの語るクスリ周期が本当に株主総会や音楽イベントに合わせて回っているのだと仮定したら、それは「向こう側」と凡庸な町を往来しているのではなく、「つまらない自分」の受容と抵抗を逡巡《しゅんじゅん》しているようにも見える。

夭折したミュージシャンの繊細さを愛《め》でることは許されると思うが、退屈な俗世での安住と破滅の往来などという卑怯で矛盾したことは本来できないようになっているのだ。私はJ

－ＰＯＰに踊った一介の凡人として、その立役者らには「こっち側」にい続ける覚悟を失わないで欲しいし、それが「向こう側」なんてものより尊いと信じるし、せめてその逡巡のせいで女を泣かせるような男がいなくなって欲しい。女は男より背丈が高くなるまでもなく、男の小ささや退屈さなどとうに気づいているのだ。

プレイリスト

◆「アリー　スター誕生」

レディ・ガガが主演と主題歌を担当した2018年の米映画。歌の上手いそのへんの女が、そこそこビッグなミュージシャン（監督のブラッドリー・クーパーがこの役）の後押しで超ビッグになり、彼女がビッグになるにつれて、恋仲になっていたそのミュージシャンは心を病んでいく、ありそうな話。

◆浜崎あゆみ

安室奈美恵が若者のアイコン的性格を脱ぎ捨ててから、一人で長きにわたり、大衆に寄り添い続けた歌姫。1998年にアーティストデビューする前は女優やモデル業をしており、ヒットドラマ「未成年」に出演していたことは有名。大きい瞳《ひとみ》が日本女性の「かわいい」の象徴となったが、そもそも眼球が人より大きいらしく、目頭切開などで凡人が彼女と同じ瞳に整形しようとすると医師に不可能を告げられる。「LOVE」ではつんく♂とデュエットしてた。

◆ULTRA JAPAN

ホスト・キャバ嬢を含めて東京中のチャラめの人が集まるお台場のイケイケ系ミュージックのイベント。2014年から毎年夏の終わりに開催されている。雨でぐしょぐしょになって、一瞬ギャル男に見える50歳近いおじさんに「フ〜」とか言われた記憶しかない。

参考文献

＊坂口安吾『堕落論』1957年、角川文庫
＊寺山修司『家出のすすめ　現代青春論』1972年、角川文庫
＊シャルル・ボードレール著、杉本修太郎訳『悪の華』1998年、彌生書房
＊押見修造『惡の華』（全11巻）2014年、講談社コミックス
＊柳沢きみお『悪の華』（全12巻）2017年、ゴマブックス
＊小松成美『M　愛すべき人がいて』2019年、幻冬舎

ブスの瞳に恋するな

燃え殻

女には二種類いて、恋人の元カノが美人だと凹む、というタイプと、ブスだと凹む、というタイプである。

美人な元カノに怯むのは、そもそも自分のオトコに自分より先に手垢《てあか》をつけたという時点で若干負けている気がするのに、さらに容姿スペックまで負けていると、劣等感がハンパない、という心理。さらに、綺麗な人である、ということはなんとなく自分の彼よりも元カノの方が選ぶ権利を持っていた、というような気がしてしまい、すなわち前のオンナが未練なく捨てたオトコを自分が拾った、と感じてプライドが傷つく。その元カノが捨てなければ、彼が自分を愛することがなかったような気がする。向こうがその気になれば彼が舞い戻っていってしまうような気すらする。

対して、ブスな元カノが嫌だという心理は、こんなブスのおさがりかよ、というものである。そして、自分を選んだ彼の気持ちをかつて独占していたオンナが低スペックであるという事実は、イコール自分もその低スペ分類に入る、と言われているような気がしてやはりプライドが傷つく。程度が低い、あるいは趣味の悪いオトコに選ばれた、程度が低いブスだと言われているような気がする。また、基本的に女はブスに対して、喩《たと》え難いほどの差別感情を持っていることも多いため、「ブスのくせにワイの男とヤッたのかよ、しかもワイより先に」という侮蔑と悔しさが入り混じった、受け入れ難い感情も押し寄せる。

どちらにしてもくだらない根性だが、人間というのはそもそもくだらないプライドに振り回されてくだらない喜劇を演じ、くだらない人生を送るものなのだからしょうがない。と、同時にもちろん、どちらも女としてはある程度実感を伴って理解できる可愛らしい心理でもあるのだが、こと実害という点においては、ブスな元カノのほうが百倍も厄介である。

まず、美女とブスだともちろん、出会いの確率も新しい男がわんさか寄ってくる確率も違う。どんなに素晴らしい運命の人と未練を持って別れても、人は日々多くの人に出会って多くの人に誘われていると気が紛れるし、両手に抱えられるオトコの量には限りがあるので、かつて捨てたオトコをいつまでも所有しようとしたり、もう一回ゴミ箱から拾ってきたりするような貧乏くさい真似は基本的にはあまりしない。自分を優先してくれるオトコが周囲に多くいれば、黙っていてもそのうち元カレなどは「頼れる男が欲しいときにうっかり電話してしまう男リスト」から押し出されて消えていく。当然、口説いてくれる男が多ければ多いほど、このトコロテンは高速押し出しが可能となる。

世の中にいい男って結構いるので、一度愛想が尽きたオトコにしがみついているような女は、「やっぱりあなたしかいない」と愛を貫いているわけではなく、単純に殿方と縁がないのだ。女性の皆さんは自分の歴代彼氏の元カノをよく思い出してみると、目に見えるところをうろちょろしている鬱陶《うっとう》しい元カノで一般的に綺麗な人はおらず、決まってブスかややブスだということに気づくはずだ。

さらに女にとって煩わしいのは、男の「あの子はやっぱり俺がいないとダメなんだ」率が、ブスに対しての方が百倍高いことである。死ぬほど美人に捨てられたところで、男は「どうせあの子は俺がいなくても結構幸せになる」と思ってそこそこのところで捕捉《ほそく》行動を止めるのに対し、ブスのその後を気にかけている男は多い。そして、それはなんとなく「いつか戻るかもしれない」という油断を許し、ひいては目の前にいる現彼女に対するテンションをやや下げ続ける。これは、男の「どうせ俺にはあの程度のブスがお似合い」という自虐と、「俺のことを最も必要としてくれる（≒他に頼る男がいない）オンナと一緒にいたい」という承認欲求が混ざった、とても情けない気性によるとも言う。

さて、近年のダメ男文学を振り返ると、有名ツイッタラー「燃《も》え殻《がら》」がブスな元カノについて綴《つづ》った小説が多くのオトコの心を打ち、多くのオンナの神経を逆なでしたのが記憶に、やや古くなってるけどまだ一応新しい。ちゃらんぽらんでバブリーな業界にいながら、そんな泡のようなくだらなさにどこか居心地の悪さを感じており、居心地の悪さを感じているナイーブな自分を愛してやまない、40過ぎのサブカルおじさんが、自分が初めて「自分より好きになった」ブスで、初体験の相手であるブスで、自分に「君は大丈夫だよ、面白いから」と生きる意味を与えてくれたブスで、あるとき突然自分のもとを去っていったブスを、回想するお話である。

さて果たして、このおじさんは「誰がいなくなっても世界は大丈夫だ」、なんていうおそらくこれまでに新旧5兆人くらいのサラリーマンが呟いていることを、絶望であり希望である、と改めて前置きし、「唯一ひとり、代わりがきかなかった人が彼女」であるとそのブスを定義づける。もちろん人間の代わりはいくらでもいる、という考え方に立てばそのブスの代わりもいくらでもいるし、逆に世界で一つだけの花的な考え方に立てばどんな仏頂面のサラリーマンでもオンリーワンであるわけだから、彼女だけがオンリーワンというのは都合の良い幻想である。

私たちの多くがこのダブルバインドな幻想によって惚れた腫《は》れたとやっているのは事実だ

が、むげん堂のブス店員に固執するこのおじさんの幻想は三重の意味で彼女がブスであることに支えられている。

　第一に、この物語がフェイスブックで彼女に友達申請をするところから紡がれ、旧姓でなくなった彼女に「ありがとう。さよなら」で終わっていることでもわかるように、長年の呪縛は、どこかで彼女にとっても自分がオンリーワンであったようなそこはかとない気持ちが根底にあったから、ということになる。それは当然、ブスな彼女の魅力をしっかり把握できているのが自分だけだからだ。

　第二に、美人を愛するのがフツウであるとしたら、ブスを愛した自分の愛をその対極に置いて、その辺に転がっているフツウじゃないものと信じ、フツウじゃないボクらは誰かの理解の範疇《はんちゅう》にないし誰かの愛とは代替不可能であるとするある種の選民意識がある。確かにこの小説を読んで、なんで彼女のことが好きなのか、読者にはピンとこないのだが、説明できる＝他のものが打ち勝てるような魅力ではないところに愛の所在をうったえることで、パンピーな読者の私たちが彼女に勝てる気がしないのも確かだ。しかし、よくよく読むとこのおじさんはいろいろな選択肢の中でブスをチョイスしたわけでも、美人を食い飽きてブスにいったわけでもなく、ノーチョイスの状況でブスと付き合っているので、それで特別とか言われても困る。

　第三に、どうしようもないボクは、そもそも美人と対峙できる勇気などなく、しかしブスのことなら愛してても引きずってもいいだろうという、ブスをナメくさった差別意識まで入り混じる。彼女について語るときに、私たちにとっては結構どうでもいいブスとかいう情報をいちいち織り混ぜるのは、簡単にいうと、これが相手が美人だったら、遊ばれて捨てられた一男の話で終わってしまうからだろう。

ブスの登場シーンはこうだ。「すごいブスを覚悟していたので、ふつうのブスだった彼女にボクは少し安堵《あんど》した」。普通のブスってなんだ？　ブスな時点で普通じゃないよ、異常だよ。何が異常って、惚れた女を回想するのにブスなんて形容するアンタが一番異常だよ。

女というのは、「世間的にはブスだけど、俺は好き」と言われても一ミリも嬉しくない生き物である。それなら、「俺は超嫌いだけど、いい女であることは認めるよ」と言われた方がよほどいい。昔のオトコが懐かしがってくれるぶんには害はないが、ブスとして回顧されたらいい迷惑だ。

人間の持つ忘却という機能はとても優れていて、どんなに熱した感情であっても、過ぎてしまえば「あれ？　なんであんなに夢中になったんだっけ」と思うものである。そしてこの忘却を積み重ねることで人は大人になっていく。大人になる、ということが「なんであんなくだらないオトコにうつつを抜かしてたんだ私ってばか」とか「なんで自分たちはこの世界に死ぬほどいる他の生物と別格の特別な関係を紡いでいるなんて勘違いできていたんだ私ってばか」とか「なんで死ぬほどいる他の生物を全部食い尽くしたわけでもないのにアレが一番いいと思ってたんだ私ってばか」とか思い直せることであるとしたら、なるほど確かにこのおじさんは「大人になれなかった」。それは冷静に振り返ることも、忘却することも拒否して、大人になることを拒んだオトナの、とても暴力的な幻想である。

燃え殻小説で私が唯一感情移入をするとしたら、おじさんでもブスでもなく、おじさんが冒頭で特になんの感情もなくセックスする女優の卵みたいな女で、自分とセックスしておきながら、忘却すべきブスの思い出を反芻《はんすう》し、挙句小説まで紡いでるんじゃない、と「Automatic」を爆音で鳴らしながら心から言いたい。目の前に並ぶ乳に全力投球する気がないのなら、せめて女の前に登場しないで欲しいわ、失礼しちゃう。ブスな元カノを引きずっている男は、これまで私の、付き合いたくない男ランキングの上位3位以内をキープしていたけど、燃え殻小説はそれを映えある第1位に押し上げた。

◆むげん堂

アジアっぽいものを廉価で売っている、貧乏くさい店。渋谷などに店舗があり、一部の非常に若く、若さと喧嘩しがちな女子にとっては、何かしら自分を大衆と隔てるためにこういった店であえて変な柄のスカートなどを購入することが、慣わしとなっている。

プレイリスト

◆フェイスブック

2004年創業。日本語版の公開は2008年で、ツイッターやインスタグラムに先駆けて一般に浸透したからか、若者だけでなく、おじさんや経営者らのユーザーも非常に多い。ツイッターのように文字数の制限がないため、長文で自分の知識をひけらかし、何の需要があるのかよくわからない社会批評や説教を垂れ流しているおじさんも多数。また、本名登録が基本にあるため、学生時代の友人などを見つけるのに役立つが、よせばいいのに元彼元彼女などに友達申請をして、一生繋がらないほうが良い何かを繋げてしまった人も多数。

◆Automatic

宇多田ヒカルの衝撃のファーストシングル。1998年12月、ちょうど高校受験の途中だった私は代ゼミ冬季講習で一緒だった、同じく私立校からはみ出して受験する羽目になった白百合の不良娘と一緒にディスクマンで聞いていた。椅子の前で低い姿勢でリズムに乗りながら歌うビデオも印象的。これが収録されたファーストアルバム「First Love」は日本国内の歴代アルバム売り上げ1位。700万枚超えとか。

参考文献

＊田山花袋「蒲団」（『蒲団・重右衛門の最後』改版）1952年、新潮文庫
＊川端康成『みずうみ』（改版）1960年、新潮文庫
＊ツヴェタン・トドロフ著、内藤雅文訳『未完の菜園　フランスにおける人間主義の思想』2002年、法政大学出版局
＊鈴木おさむ『ブスの瞳に恋してる』2004年、マガジンハウス
＊燃え殻『ボクたちはみんな大人になれなかった』2017年、新潮社

ひょっとして死ンデレラ

角幡唯介
安田純平

若さ故に見せなければいけないアタマの良さというのはきっとあって、それは多くの場合に奇妙な迫力を持って示される。少し前に、憲法改正について、超若者世代と準若者世代が意見交換をするという番組に最年長グループとして呼ばれて、一度に何人かの大学生とやはり何人かの大学を卒業したての起業家や活動家と数時間話したのだけれど、若ければ若いほどアタマが良く、そしてとても冷たかった。そのような場では優しさなんていうのはとても愚鈍で不格好で、若者たちがそのような態度を嫌うのもある意味よくわかる。

私自身がかつて19歳であり21歳であり、そういう、必死に知的な見栄を張らねばならない学生だったから、性格が良いと言われても嬉しくはないがアタマが良いと言われると嬉しいという気分は身に覚えがあるし、本来は比例するはずのその二つが、まさかの反比例するような錯覚も確かに持っていた気がする。優しさというのは想像力で、想像力というのはアタマの良さと経験の豊富さでしか手に入らない。だから本来はアタマの良さを冷たさで表現するなんていうことはおかしな話で、ひたすら自分の経験に欠けることを露呈しているだけなのだけど、若者はそれをしたがるのだ。どんな価値も相対的にしか語らず、時に死を過剰に軽視する非情さを演出し、それが合理的な判断に結びつくのだと宣う。

『カンバセイション・ピース』で保坂和志《ほさかかずし》が説教したような、何でも相対化したがる若者というのはある意味、経験の少なさ故の傍若無人さの体現ではあるのだけど、あまりにそちらに寄ると、あなたがオバさんになっても本当に変わらない？　とても心配だわあなたが♪　とすでにオバさんになったこちらはちょっと思う。

同番組の収録時に、超若者のグループにいた優秀な学生の一人が、年長者というのは戦争を短期的なスタンスでしか見ていない、というようなことを言った。長期的なスタンスで見ればたとえ犠牲を伴ったとしても、大きなレジームチェンジになった場合に、悪だと言い切れるわけはないのだ、と。人の死を悲劇やノスタルジーではなく、数字で把握できるその「アタマの良さ」はすなわち、死と隣り合わせになったことがない人間、身近な死によって自分自身が変容するという経験がない人間の所業だと私には思える。私情というのは本来最も失くしてはいけない人の人たる所以《ゆえん》なのだけど、若さというのは何にせよ私情混入の回避を好むのだ。

冒険家で作家の角幡唯介《かくはたゆうすけ》は以前、自分が冒険に出る一つの大きな理由として、「死を媒介にしなければ感得することのできない」世の原理や真実を感じるためだ、というようなことを書いていた。「生活から死が排除された結果、現代では死を見つめて生を噛み締めるためには冒険にでも出るしかなくなった」のだ、と。そして現代人が閉塞《へいそく》した人生を送らざるを得なくなったことは、日本から荒地が無くなり、死から切り離されてしまったからなのではないか、と、現代という時代の行き場のないどん詰まりの様子を説明した。

私はこの彼の言葉を妙な説得力とともに好んで読んだ。彼に一度だけ対談で会ったことがあって、彼は変な人ではあるのだけど、優しさが抜け落ちた感じがしなかった。だから私はその「死のない生活が虚構であること」を知るために冒険に出るという信念はすなわち、優しくなるために冒険に出るのだというのとほとんど同義に受け取る。

私は昔から、それこそ麻原彰晃《あさはらしょうこう》こと松本智津夫《まつもとちづお》の死刑執行よりも前から、死刑制度には反対の立場を表明してきたのだけど、もし引き続き法によって人を殺し続けるのであれば、誰もが見られる公の広場で、現在も中国の一部で残っているようなやり方で、人を吊るしたらいいのにと思う。

実存が隠された情報は、人を賢くなった気にさせるだけで、そして死を乗り越えられるという虚《むな》しい勘違いを助長するだけで、自分は空気が粛然としたところで理性的でいられるという傲《おご》りを喚起するだけで、実際の、死を感じてしか得られない想像力の獲得には何も寄与しない。むしろ死と「私情を挟まずに」付き合えるのだという謎の無敵感を各人に付与し、それに裏付けされた合理的な若者を増やす気すらする。合理的とはこれすなわち効率的に死を回避することなのだから。

さて、そんな無機質な死の情報ではない形で死に出会おうとする冒険家のツイートが最近話題になった。若い記者に「角幡さんの探検は社会の役に立ってないのでは」と質問されて絶句した、という内容で、「自分たちの世代は行為や人生そのものが社会への還元の観点からしか価値づけされておらず、そういう思考を強いる圧力を感じる、との話が印象的だった」と続く。

そのツイートの反響について彼が受けたインタビューを読んでみると、おそらくこの記者に悪気はなく、そういう閉塞的な状況への若いなりの問いの投げかけすらあったのかもしれないと思えるのだが、とにかく、世の中に「イミないじゃーん」の大合唱が起きていることは否めない。合理的にコストを抑えて自己責任という名の服を着た無干渉と無慈悲を好み、自分以外の誰かが得をした、優しくされた、という状況には極めて批判的。そして人のすることが自分の考える合理性から外れると、役に立たない命だと白い目で見る。

とても、かつて私小説ばかりもてはやされた日本の状況と思えない。そんなんじゃないよ楽しいだけ、とトップアイコンが歌い、それがミリオンヒットになった国とは思えない。

涼美リサーチ社の調査によると、少なくともボディがフィールズエグジットしていた小室《こむろ》ファミリーまでは、良質な無意味を楽しむ姿勢が、一部の者ではなくマジョリティの態度だった。意味が明らかなもの、合理的なものは品がないとされた。田山花袋《たやまかたい》が不倫しようがふみとどまろうが何の社会への還元などあるわけがない。生産よりも非生産こそが上流とされたこの国で一体何が起きているのか。

一律で受ける学校教育や与えられる型をくりぬいたような制服に必死に中指立てつつ迎合してたまるか、とやっていたはずなのに、少なくとも尾崎はそう歌ったのに、気づけば社会の役に立ち、社会に迷惑をかけない生き方こそ是とされるようになった。若さ故の肩肘《かたひじ》はった合理主義ならまだ流せるけれども、大の大人がお役立ちの生き方以外を許容しなくなっているとしたら、それはみんなが成熟する機会を失ったようにすら見える。

若さ故の合理的勘違いの暴走を持ったまま、身体が老けてしまったらもう本当にいいところがない。しかし最近、すでに30歳を超えた大人たちが、ホリエモンを真似たような、「老害なだけで意味がない」「切り捨てなければいけない」みたいな借り物の冷たさを演出する。曖昧《あいまい》さが嫌いで無意味が嫌いで、論破が大好き。そんな人が増えた。

そんなことが異様に気になり出したのは、角幡が質問に絶句するよりだいぶ前に、自己責任という名の大バッシングを受けた、あの捻《ひね》くれた戦場ジャーナリストの一件からだ。シリアで拘束された彼の解放のニュースと帰国後の記者会見では、何でかどうしてか「自己責任」「迷惑をかけた」という言葉が乱れ打ちが如く飛び交った。

昔、漫画『るろうに剣心』に「動く理由」と題された一話があって、阿片《あへん》の製造と関わりがあった女性を救出するときに、剣心の仲間が、助ける理由がない、何で俺たちが助けなきゃいけない、そんなやつのために動く理由があるか、と不平不満を言うシーンがあるのだけど、そのせいで私は安田《やすだ》に関する報道を見ている間中、脳内にアニメ版テーマ曲の「そばかす」が流れていた。

安田純平《じゅんぺい》はその後、自らに降りかかったバッシングを細かく分析していて、あれは自己責任論という名前が付けられた、実際は「自己責任は取らせない論」なのだと語っている。自己責任で動かざるを得ないようなことはするな、という圧力が社会にあり、自己責任を取らせてもらえない。

当初私はこれを読んで、嫉妬の問題なのだと思った。先生の言いつけを守り、言いつけを守ったというエクスキューズなしには行動できない者たちが大半を占めれば、先生の言いつけを守らずに結果として自分も責任を持つようなことになる者は嫌がられる。それは先生の言いつけを守っている側、コロナの折に出かけたりせず、紛争地域に出かけず、死を感じるために冒険するとか言い出さない側が、言いつけがなければ自分だってそうするのに、という根深い嫉妬を持っているからのように思えた。

本当は、自分が言いつけのエクスキューズという後ろ盾なしに行動したくはないと思っているし、他でもない本人にとってそのほうが楽なのだけど、自己責任で動ける人たちへの強烈な嫉妬の感情が沸き起こり、それがバッシングや炎上の形を取って表出する。嫉妬心の表現があまりに下手な大人が増えた、羨ましいはもとよりずるいとさえ言えずに、「嫉妬」できないから「批判」するのだ、と、そういう構造を感じた。

それは今も思っている。ただ、単純に自由を羨むだけではなく、「合理的な」思考を持つ若者ないし大人たちが、自分らが極力回避する「死」の匂いを持ち帰る者に、拒絶反応を起こしたのではないかとも最近ちょっと思う。その死の匂いを、合理的ではないと考え、迷惑だと考え、自己責任というラベリングをして排除したいのではないか。だから帰国後の安田がパスポートを発行してもらえないことに、大衆のシメシメという愚かな感情が渦巻いているんじゃないか。国外へ出なければ、不要な死の匂いを持ち帰らない。

人の「動く理由」なんていうものは極めて個人的であると同時に、社会の形とも大きく関係する。社会が半径10センチだから、半径10センチの中で楽しもうとする者もいれば、何とかして半径10センチの外に出たいと考える人もいる。人に知性が生まれてしまった限り、あらゆる動き方をする人間を丸ごと抱えるのは、社会の宿命のはずなのだ。そして、好き勝手に動き回る、言うことを聞かないおっさんたちを、時に何とか枠組みの中に呼び込もうとしたり、ギリギリのところで想像力を働かせた安全網について考えるのが社会の役割でもある。

別に誰もが冒険に出かける必要はないし、私もパリより寒いところは行かないという俺ルールを持っている。動かない自由も保証された上で、必要なのは社会の中にいる全員が警察ごっこをすることでも、冷たさの自己演出をすることでも、ホリエワナビーになることでもなく、自分の動き方に何かしらの矜持《きょうじ》を持つことだと思うけど、そしてそれがある人間は、社会の周縁にいようがど真ん中にいようが、別の場所に出かける人間を押さえ込もうとしないと思うのだけど、イミないじゃん教に侵された人たちには、理解の範疇にないものは排除しないと気持ちが悪いらしい。

私は正しさというものはあると感じるけど、それは別にコメンテーターとしても人気の経営者たちの本の中に示してもらえるものではなく、何を正しいと信じると何が犠牲となるのかを吟味して浮き出るものでしかない。イミないじゃん教とあえて言ったけど、最も合理性から遠く見える、宗教的な儀式や禁じ手だって、実際歴史を辿れば単に命を守る合理的な手段だったっていうようなことはごまんとある。「合理的」だって、正しさと同じで、可変で曖昧なはずなのだ。

自分の生き方以外のものを測る物差しが欲しいのは誰しも同じだと思うし、私だって時には誰かと比べて自分が幸福だと感じたいけど、その物差しは朝になったら砂になって、手の指の隙間から、時代という砂漠に飲み込まれていくのよ、フットワークの軽いおじさんたちが好き勝手動いている限り。

プレイリスト

◆Body Feels EXIT

安室奈美恵が小室哲哉《てつや》プロデュースとなってから出した1曲目のシングル。小室ファミリーに入ってからも、この曲とその次の「Chase the Chance」まではバックダンサーはSUPER MONKEY'S（MAX）が務めた（ちなみに振り付けはKABA.ちゃん）。安室が出演していた家庭用通信カラオケ機のCMソングだった。

◆そばかす

JUDY AND MARYの1996年のヒット曲。この辺りまでは恩田《おんだ》快人《よしひと》の作曲が多い。内容は「るろうに剣心」とは全く関係のない、おしゃれな失恋ソング。ちなみに同アニメの主題歌は他にも川本《かわもと》真琴《まこと》、SIAM SHADE、THE YELLOW MONKEYなど多くの有名アーティストが務め、ヒットソングの生まれる場所と化していた。

参考文献

＊開高健『夏の闇』１９８３年、新潮社
＊和月伸宏『るろうに剣心―明治剣客浪漫譚―』（全28巻）１９９９年、集英社ジャンプコミックス
＊保坂和志『カンバセイション・ピース』２００３年、新潮社
＊沢木耕太郎『凍』２００５年、新潮社
＊安田純平『ルポ　戦場出稼ぎ労働者』２０１０年、集英社新書
＊角幡唯介『旅人の表現術』２０１６年、集英社
＊安田純平・藤原亮司『戦争取材と自己責任』２０１９年、ｄＺＥＲＯ

ここが巣窟、迎えに来て

村西とおる

綺麗な会社員の女の子が飲み会などにいると、男性陣やおばさんたちが「そんな可愛かったら会社で男が放っておかなくて大変でしょう」なんていう言葉をかけがちだが、言いたいことも言えない#MeTooな世の中でポイズン、今どき不用意に口説いたりさりげなく触ってきたりするような男性はほとんどいない。

私自身も、かつて日本のおじさんサンプル図鑑のような会社に勤めていたが、基本的に上司なんてみんな紳士的で礼儀正しく、良識的で臆病《おくびょう》だ。こちらが、よほど大声でオッケーサインを叫ぶか、あるいは許容範囲以上のお酒でも飲まない限り、おっぱい触るどころか、「何カップ?」とも聞いてこない。

だからといって、別に女のカップ数に全人類が興味をなくしてしまったのかというと、そういうわけでもないらしく、むしろこちらから「本日配属されました、ヌキたいときにはFカップでおなじみの鈴木です。鈴木ムネオって呼んでください」とでも自己紹介すれば、サンクチュアリを見つけたと言わんばかりにセクハラ発言を連発してくるような素直さはある。要するに、窮屈とは思いつつも、会社員生命をかけてまでおっぱいは触りたくない、安全とわかりきっている場所だけで遊ぶ、というのがソフィスティケイテッドな男性の標準マナーとなっているようだ。車道は危ないからサイクリング場だけで自転車をこぐ、みたいな。実にソツがない。

さてしかし、いくら日本が、識字率が超高く、標準語がどこでも通じて、鹿児島は桜島《さくらじま》にまでコンビニがあるような国であっても、国土全体でそのような態度が一斉に標準化しているわけではない。一時、地方の（しかも名前も知らないような自治体の）首長が、おばさん演歌歌手の胸元に手を突っ込んだり、新聞記者に抱きついてキスしたり、市長室でやはりキスしたり、というニュースをよく目にした。

これ別に、首長が頭のおかしい色情狂ばかりなわけでも、彼らに批判覚悟でおっぱいを触る勇気があるわけでも、セクハラされた女性に社会的生命をかけるほどの飛び抜けた魅力があったわけでも多分なく、単に中央の#MeTooな空気やソフィスティケイテッドな態度が、まだ日本の奥地のムラにまでは届いてないというだけの話だ。都心の企業の中では絶滅しつつある良識的でも紳士的でもないセクハラオヤジは、そういった奥地に結構まだ生息している。

しかし、あらゆるメディアがくまなく発達しているこの現代なわけで、そういった残された各地のサンクチュアリも、何かの拍子で一瞬にして全国的に晒され、ソフィスティケイテッドな国民はそれを目の当たりにして、「なんて前近代的な」と嘆かわしい顔をしてみせる。当然、都会的な常識の光で照らしてしまえば、地方のおじさんのおっぱい揉みは、生き残った部族が娘を生贄《いけにえ》にして神を祀《まつ》る儀式をいまだにやっているような時代錯誤感があるのだが、晒された本人たちからすると、おらが村の雰囲気と、全国的な反応の温度差に、若干戸惑い、またあまり理解できずに開き直ったりする。情報社会に住んでいる以上、中央の空気の変化を敏感にかぎとらない彼らが悪いと言ってしまえば終わりなのだが、まぁちょっと哀れな気がしないでもない。

そのようなムラというのは当然、リージョナルな中央・地方という枠組みだけで洗い出せるものでもない。外部、ここでいうところの時代の潮流とは断絶されたところでぬくぬくと育っているオヤジの巣窟《そうくつ》というのは、結構色々な業界に点在する。そして近年、そういったムラに時代の魔の手が伸び、徐々に解体が進みつつあるのもまた事実だ。脱税がデフォルトだったホスト・ホステスムラはマイナンバー制度に揺れ、巧みなスカウト・口説きが生命線だったAVムラは強要問題に揺れ、ブラック上等だった新聞ムラは過労死問題に揺れている。

そしてムラ自体が揺れまくって万事休す状態でも、本人一切へこたれず、時代の潮流をぶっちぎりで無視して我が常識で押し通す猛者というのも存在する。私は、乳揉みが暴露されようが秘密漏洩《ろうえい》で起訴されようが町のホームページで憩いの場や農園を明るく紹介する大久保司町長もこの種だと踏んでいるが、そういった猛者たちの代表格にあるのは、AVの帝王こと村西《むらにし》とおるだと思っている。

元ダイヤモンド映像創業者の村西といえばワキ毛AV女優黒木香《くろきかおる》の代表作「SMぽいの好き」などを撮った日本のAV草創期を代表する監督でもあり、最近ではネットフリックス「全裸監督」で山田孝之が演じたあのヒトのモデルであり、裏本販売などAV以前のものも含めれば前科7犯、返した借金は50億円というへこたれないっぷりでは有名なキングでもあり、一昨年AV強要問題が社会問題化してから、ほぼ唯一はっきり反対の声をあげたAV監督でもある。「新潮45」に寄稿した「人権派弁護士に物申す」の中では、「性を『忌わしいもの』と憎悪をなされている『性差別主義者』なのでしょうか」などと強要問題に取り組む人権派弁護士たちを挑発し、「SMぽいの好き」などのAV作品が、女性を侮辱するどころか、「女性はこれまでのようにその性を男性に所有されるものでなく、自分の性として人生を楽しみ、謳歌するものであっていいのだ」と開眼させた、という若干突飛なセックス解放を導き出す。

支配的になりつつある人権派へのこういったアンチテーゼは時々なされてしかるべきだと私も思うが、彼の反論を読んだりテレビ番組で語るＡＶ女優採用の極意を聞いたりすると、彼が戦略的に人権派を論破しようとしているのではなく、むしろあんまり何を責められているのかよく分からないまま、自分の生きてきたムラの美学を語っているような印象がある。最先端ソフィスティケイテッド理論でＡＶムラを解体せんと望む弁護士たちと、強要問題を訴えるＡＶ女優に対し「毅然《きぜん》としてほしい。女優で濡《ぬ》れ場をやらない女優はいない」(AbemaTV出演時の発言より)なんて語る、時代の潮流ガン無視の誇り高きＡＶ村長の会話は、当然会話にならない。

でっかいカメラを担いで7000人もの女の股ぐらを撮影し、「ナイスですね〜」と言い続けてきた彼に、「ジェンダーフリーとは何か」などと講釈垂れるなんていうことは、93歳のうちの祖母にビットコインの説明をするのと同じくらい、思いっきり不毛&的外れな気もする。もはやそういうモノとは別個の宇宙に生きているし、そのままその宇宙で死んでいく気がする。

彼の、ある意味純粋なまでに自信満々のセクハラ発言はなんなのか。真の猛者オヤジの特徴というのは、「悪意」と「媚び」が同時に清々しいまでに欠如していることである。ここでいう媚びとは時代への媚びであり、もう少しよくいえば空気を読む能力である。

以前、私のところにとあるネットテレビ番組のアシスタントMCを臨時で一回ぶんだけ務めて欲しい、という依頼がきたことがある。通常は、セントフォース所属の綺麗なフリーアナウンサーが務めているらしいポジションなのだが、その一回はゲストが村西とおるであるため、できれば「彼の言語が通じる」元AV女優に代わって欲しいという。平たくいうと、下品なワード連発、セクハラ発言頻出になること間違いないので、「そういうのOK」な人じゃないと厳しい、という意味であろう。

当日、村西の楽屋に挨拶にいくと、彼は超丁寧&礼儀正しく迎えてくださり、「あなたのような美しい顔の女性は、きっと足の付け根も締めます締めます山手線でありましょう」と、いきなりパンチの効いた挨拶をされた。もちろん、ハラスメントではなく、彼としてはおそらく最大限の賛辞、そしてリップサービスでやっているのだが、なるほど確かにソフィスティケイテッドなアナウンサーに向かって言ったらまぁまぁな問題発言だ。そして最後、出演者で記念撮影する際には、大声で「オマ〇コ‼」と女性器の略称を叫びながら、グーにした手の中指と人差し指の間から親指を出す、おしゃれなポーズを取っていらした。それもまた彼なりの現場サービスである。

彼の著書『裸の資本論』の中では、美しく気品と知性に溢れる女性として吉永《よしなが》小百合《さゆり》が挙げられ、「もしかして、小百合さまの足の付け根に秘匿している小陰唇が思いがけずにも鶏のトサカのように大ぶりで、なおかつブラウンの色彩を帯びて濡れ光りをしているのを視認したならば、そのあまりの落差に興奮が極まります」と説明されている。日本の大女優吉永小百合も飛んだ巻き込み事故だと思うが、前後の文脈ではAV女優の魅力を「落差」であると力説しているのであって、彼には悪意のあの字もない。

悪意がないことに罪がないわけもなく、むしろ悪意のなさこそが問題となる森喜某のような人もいるが、政治家でも教職でもない彼は、そもそもそんなに多くの人に摑《つか》みかかってはいかない。彼のような無垢なおじさんは独自の文法で成立するAVムラに安住さえできていれば、全くもって気品と経験と美学のある無害なおじさまなわけであるが、上記のように、この#MeTooな世の中とは少々相性が悪い。というか、ほとんど生きる道を断たれている。いつ何時、どこぞの広告ムラのおじさんのように糾弾されてもおかしくないし、されたところで何を糾弾されているかいまいち理解しないままに、時代の渦に葬り去られてしまうだろう。

動物園の檻は、ライオンやカバが一般市民に害を及ぼさないために頑丈に作られていると同時に、荒々しい都会で、動物たちを安全に保護する役目も果たしている。私は、時代に乗ってきてはいないが、排除するにはあまりに惜しい、ユニークな猛者おじさんたちを時代に殺されないように安全に保護しつつ、一般市民に害を及ぼさないよう隔離するような施設の建設こそ、こういった問題への折衷案だと思うのですがどうですかね。

プレイリスト

◆「全裸監督」

本橋信宏の同名のノンフィクションをネットフリックスが映像化したドラマ。村西とおるの創業や逮捕、AV制作などに取材した作品で、彼が一躍有名にした黒木香が実名で登場するため、すでに引退した女優に対して不適切だというような内容の抗議がなされた。ツイッター界隈の人は、想定した「被害者」の気持ちを勝手に代弁するのが好きですよね。

◆AV強要問題

プロダクション関係者の逮捕などが引き金となって、元AV女優や支援者の弁護士らがAV出演に関する強引すぎるスカウト手口や巧妙な契約などを問題視した一連の活動。この界隈の活動家に私は嫌われ倒しているので、あんまり発言しないようにしている。

参考文献

＊エミール・デュルケーム著、小関藤一郎訳『分類の未開形態』1980年、法政大学出版局
＊江原由美子編『フェミニズムの主張』1992年、勁草書房
＊ルース・ベネディクト著、長谷川松治訳『菊と刀』2005年、講談社学術文庫
＊本橋信宏『全裸監督　村西とおる伝』2016年、太田出版
＊村西とおる『裸の資本論　借金返済50億円から学んだおカネの法則41』2017年、双葉社

＊橋爪大三郎『性愛論』２０１７年、河出文庫
＊北村亘、青木栄一、平野淳一『地方自治論　２つの自律性のはざまで』２０１７年、有斐閣ストゥディア

いやん、We can't

福田淳一

2018年4月、日本の文系職の頂点ともいえる財務官僚のトップが、森友問題すら関係のないところでお粗末なセクハラ劇を演じて辞任した。財務省は「セクハラ行為があったとの判断に至った」と福田淳一《ふくだじゅんいち》・前事務次官の減給処分などを発表。辞任そのものもそうだが、女性記者のリークによる週刊誌記事の内容があまりに小っ恥ずかしい内容なので、心情的にはそっちのダメージの方が強そうな話ではある。

ふざけたニュースではあるものの、日本にも波及して盛り上がった#MeToo運動の流れだと思えば、もうあと数年で、20世紀の化石的に残っているセクハラオヤジというものが一掃されていくのかもしれない、と、大きな時代の潮流を感じる事件であるとも取れる。

別に、官僚や政治家の女性スキャンダルなんていうのは珍しいものではなく、成功した男が最後に身を賭してハマる……と言えば聞こえがいいが、身を持ち崩すほどハマるのはオンナである、と相場は決まっているし、目の前にあるのが破滅だとしても、目の前のおっぱいに手を出してしまうのがオトコである、という相場も決まっている。ビル・クリントン氏だって不適切な関係だったし、横山《よこやま》ノック氏のように実際に目の前にあるものに手を伸ばした例も、山崎拓《やまざきたく》氏のように性癖を暴露する愛人を掴んでしまった例もある。

「胸触らせて？」と尋ねて人生終了、と聞くと「厳しい時代だ」なんて呟くおじさんたちも多いが、この時代、完全に告発側の立場になれる女子としては別になんの同情も感じない。それにしても福田事務次官については、「実は何も得てない感」がすごいとは思う。

モニカや愛人を抱いても政治家としての名誉は回復したクリントンや山拓に比べて、別に美人女性記者を抱けたわけでもなく、胸も触れず縛れもせず、社会的な地位も威厳も失い、退職金まで減らされた。全くの同時期に女性問題で辞任した新潟県知事だって、お金とハートは奪われたものの、一応ことをいたしている。

考えてみれば、例えばクリントンはしれっとホワイトハウスのナイスバディな実習生に手をつけてはいたが、別に取材に来た記者に、今からうんこするだの胸触らせてだの言ってはいないだろう。本当にちゃんと抱ける男は気のない相手にセクハラ発言なんて連発しなくとも、ちゃんとうまいこと抱くのだ。品のない会話を週刊誌に晒されただけで実際においしいことは別にできず、そして財務省のトップから退いた事務次官の実質何も手にしていないっぷりは甚だしい。

そしておそらく、「胸触らせて」「浮気しよう」などの発言をした彼自身、「どうぞ」「ぜひ」なんていう答えは全く予想しておらず、むしろ「はい喜んで」なんていう答えが返ってきたらびっくり慄いてしまうに違いない。嫌ですダメですと言われるとわかっていて、ヤケクソなのかただの嫌がらせなのか、そんなことを言うのだろう。はいはい、おじさん、と聞き流す女も多かったのかもしれないが、今回のように人を怖がらせたり不快にさせたり、嫌われる可能性のほうが高い。

つまり、悪いとわかっていて一時の快楽に溺《おぼ》れた新潟県知事やクリントンのように、甘い誘惑が目の前にあるわけでもなく、浦島太郎や斉藤由貴《さいとうゆき》の不倫相手みたいに万が一人生を棒に振っても後悔はない、というようなきらきらした至福の時間を過ごしたわけでもなく、ただただ別に自分も相手も得のない時間を過ごし、気づいたら人生を棒に振っていた。事務次官まで上り詰めたわりには、得する人損する人でいうところの完全なる損する人。

私は、口をひらけばエロいことを言っているようなおバカな男がものすごく嫌いなわけでもないのだが、いわゆるセクハラオヤジ、というのはそういった意味で、この世の中でとても損する人になる可能性が高い、ということだけは事実だ。

汚職でごっそり札束を手にする、だとか、既婚者なのに銀座のお姉ちゃんを抱きまくる、だとか、酔った女を連れて帰る、だとか、ものすごい幸福感のある薬物に手を出す、だとかがハイリスク・ハイリターンだとすると、目の前の女性記者に「うんこ」とか言うのは本当にハイリスク・ノーリターンである。

実は、件の報道を見て思い出した、私としてはちょっと心苦しい経験がある。

新聞社の新人記者だったころ、私は某記者クラブで他社の記者や自社の先輩に可愛がられながらうまいこと過ごそう、と思って、女好きそうな記者にはなるべく笑顔と媚を振りまいて仕事をしていたのだが、そんな中でちょっとお調子者の他社のベテラン記者がいた。彼は、私が谷間でも見せて頼めば官僚の携帯番号くらいは教えてくれそうな愛すべきバカだったので、私は時々お酒を飲んだり喫煙所で喋《しゃべ》ったりして仲良くしていた。

で、その彼と飲んだ帰りに一度、たまたまコンビニでトイレットペーパーを買ったことがあって、「荷物が多いから今日は家まで送る」と言われ、この流れはうっかり家に入ろうとしてくるやつだな、と思いつつ、しかし愛すべきバカではあるものの、無料でエッチするほど愛すべき男ではなかったので、予想通り家の前でやっぱり中に入りたいとごね出した彼を、帰ってください、と放置して家の中に入った。

案の定、携帯と家のインターホンが鳴りまくっていて、ちょっと怖くなった私はとりあえず彼に妻の待つ自宅に帰って欲しくて、彼と仲良しの別の記者に、とりあえず帰ってよって彼に言ってよ、と連絡をしてしまった。本当に軽い気持ちだったのだが、その連絡を受けた記者が愛すべきバカの行動に激怒して記者クラブの責任者や省庁の広報などに彼が女性記者の家に押し入ろうとしている、なんて連絡しまくって、週明けに私が出勤したら、愛すべきバカは別の省庁に異動させられていた。私が上司を通して多少の誤解は解いたものの、既婚者なのに独身女性記者の家に上がり込もうとしたのは事実、ということでそれなりにお咎《とが》めがあったらしい。

彼だって別に無理やりレイプしようとしたわけでもないだろうし、結局トイレットペーパーを持たされ、家に入れてもらえず、本当に何も得ていないのだが、3回でやめればいいものを、5回以上もインターホンを鳴らしてしまったが故に、仲良しの女性記者に結果的にはチクられることになった。仲良しの女性記者である私も、彼に社会的制裁があるべき、なんて思ったわけではないが、結果的にそのきっかけを作ってしまった。要は私、流行《はや》りに先駆けて、しかも無意識に、#MeTooの告発者状態になっていたわけである。私の6年弱の記者人生の中で、唯一、消化不良で気にかかっている事件だ。

だから、こういった問題があったとき、当該女性がものすごく面倒臭い女だったとか、潔癖すぎてうるさい女だったとか、悪意に近い懲罰感情があったとか、そういった物言いにはちょっと疑いの目を向ける価値はあると思っている。全国に乳首と陰毛を晒していた私ですら、ちょっとしたタイミングと行き違いで、そちらの立場に立つことがあるのだ。

「胸触っていい？」で辞任なんて、あまりに厳しい、という感想自体にそれほど異存はないし、こういった事件が続けば、確実に女の働き方の多様性（時には性的魅力を使ったり、女の特権を使ったり）が失われ、結局女にとっても不自由な世の中になる、と本気で危惧もしているが、かといって告発した女のほうを責めてもしょうがない。そんな時勢に生を受けてしまったのだ。

だから結局、いろんな場所に、いろんな立場で、いろんな女がいることによって、以前に比べれば若干難しく、また複雑になった社会で、おじさんたちよ賢くなれ、ということを言うしかない。


世間体が悪いことをしてうまいことやっている人、というのは当然いて、うまいこと愛人を囲い、うまいこと風俗に通い、うまいことちゃっかりいろんな女を抱いているような人と、セクハラオヤジは、ある意味で対極にいる。手にする人は、別に目の前の女に「胸触っていい？」なんて聞かずに、夜にしっかり胸を揉みしだいているのだ。

私は、誰しもが清廉潔白に生きなければいけない世の中というのは流石《さすが》に息苦しいと思うのだが、かと言って今さら正論で回る世の中をひっくり返すのも大変だろう。今後は、清廉潔白ではないことをうまくやる技術を持つ者と持たざる者の分断がより顕著にされていくのだろうと思う。

胸を触りたいのであれば、チクらなそうで胸を触られるのを好みそうな女を嗅ぎ分け、胸を触っても嫌がられるどころか喜ばれるほどに男を磨き、目の前の「いやよいやよ」がいいのうちなのかNOなのか見分ける、それくらいの傑物になる自信がないのならば、世の中が指示してくる通りの清廉潔白の退屈な人生を送り、麦でも食べておくしかない。ちなみに、そもそも女性の断り方が婉曲《えんきょく》で、逆に女性の「イエス」も婉曲な日本語の国で、その技術を磨くのはそう簡単ではない。海外もののAVで「オーイエス」と呟かれるところ、日本のAVは「いやん」「ダメェ」が連発される。「いやん」と「イヤ」の区別がつくようになるまで、日本でのセックスは実は超難しい。

そして当然、おじさんたちにばかり成長を押し付けるわけにはいかないから、私ら女も賢くならなければいけない、と自分の反省も込めて一応そんなフリをしていこうとは思っている。女の魅力をコントロールできているつもりで調子に乗って、男が悪者になりやすいご時世にあぐらをかいて、土壇場になったら人に頼って逃げる、そんなことを繰り返していれば、やっぱり女と働くのは面倒臭い、なんて言われるのは目に見えているのだから。

◆モニカ・ルインスキー

ホワイトハウス実習生時代に、当時の米大統領であるビル・クリントンとの

プレイリスト

不倫スキャンダルで、世界的に有名になった。当初否定していたクリントンだが、モニカのドレスについた精液の鑑定までされて結局「不適切な関係」であったことを認めた。世界で一番スキャンダラスな女性として脚光を浴びた彼女は、暴露本を出版し、その後は起業などもして活躍。

◆山崎拓
小泉純一郎《こいずみじゅんいちろう》、加藤紘一《かとうこういち》とともにＹＫＫとして活動し、小泉内閣時には自民党幹事長まで務めたものの、愛人が実名で赤裸々に「性の奴隷のように扱って」などと変態行為や二度の中絶を告発したことで、次の衆院選で落選。しかしちゃっかり復職した。現在は政治家としては引退。

参考文献

＊九鬼周造『「いき」の構造　他二篇』１９７９年、岩波文庫
＊小笠原祐子『ＯＬたちの「レジスタンス」　サラリーマンとＯＬのパワーゲーム』１９９８年、中公新書
＊牟田和恵『部長、その恋愛はセクハラです！』２０１３年、集英社新書
＊白河桃子『ハラスメントの境界線　セクハラ・パワハラに戸惑う男たち』２０１９年、中公新書ラクレ

キムタクはどう生きるか

木村拓哉

伊集院静

『赤と黒』の主人公であるジュリアン・ソレルは死刑を甘んじて受け入れ、『ドリアン・グレイの肖像』のドリアンは醜く死に絶え、『ヴェニスに死す』のタージオは見ている側のおじさんが死ぬことによって美しいまま保存される。世の文学作品の美青年たちの最期はそれなりに厳しい。

さて、アラフォー世代の女性にとって、そういった場合に想起される美青年の具体例というのは、ほとんどキムタクこと元ＳＭＡＰの木村拓哉《きむらたくや》しかありえない。少なくとも一定の時期まで、女性にとってキムタクほど都合の良い固有名詞はなかった。

キムタクに見た目の美しさ以外の魅力がない、という暴論を振るうつもりもない。しかしながら一時期、女性にとって「キムタク」は、ほぼ「イケメン」と同義であり、「キムタクの遺伝子欲しい」とか「キムタクじゃないんだから働けよ」とか「キムタク紹介してくれるなら美女紹介してあげるけど」などと不用意な発言を許すほど、固有名詞以上の固有名詞だったのは間違いない。

今でも私は、「ブサイクとイタリアン食べるのとキムタクとうんこ食べるのだったらどっちがいい？」とか「ブサイクな金持ちと貧乏なキムタクどっちと結婚する？」的な雑な例示が必要なときに、その金色の固有名詞を使ってしまうし、逆にキムタクが禁句となってしまったら、他にそこに代入してピタリとくる固有名詞を私は知らない。というか誰も知らない。ちなみに私は個人的には俳優なら高橋克典《たかはしかつのり》の顔が大好きで、キムタクの顔は別に好きじゃない。

さてしかし、数年前、キムタクの状況は結構風当たりの厳しいものだった。彼の所属した伝説的なグループは解散の危機を乗り越えたかと思いきや別に全然乗り越えておらず解散し、しかも解散にあたってはキムタクと他のメンバーの確執やキムタク抜きの話し合いなどが度々報道され、彼のいない新しい地図は思いっきり時代に愛された。

これはダンディであり、ダンディでしかなかったジョージ・ブランメル（バイロン卿《きょう》に「ナポレオンになるよりもこの男になりたい」と狂気に近い褒められ方をした人）が、偉大なる無意味を生きながら、あらゆる貴族や国王をたらしまくり、しかし晩年は悲惨なものとなったのをどことなく彷彿《ほうふつ》とさせる。キムタクに悲惨な境遇など似合わないし、固有名詞「キムタク」がクリアにいい男を意味するものじゃなくなっちゃったら、私だって困るじゃないですか！

しかし、キムタクの今後というのは結構想像しがたい。というか、彼のキャリアはＳＭＡＰでのポジション取りから始まり、「あすなろ白書」「人生は上々だ」「ロンバケ」「ラブジェネ」「プライド」「華麗なる一族」とイマイチ文句の付け所がなく、これ以上の選択がなかった、と思わせてしまうもので、そうなるとどの時点に立ち返ってもう一度歩んだとしても今の状態に帰結してしまうので、「あの頃のキムタクの味を再び前面に出して」的な想像が無意味だ。

キムタクはカッコつけのイメージも強いが、それでも今まであまり笑われずに来たのは、Ｍステで女の子の「寝屁《ねべ》」が聞きたいとカムアウトしたり、HEY!HEY!HEY! やうたばんでどうにか汚そうとしてくる芸人さんのいじりをボケでかわせるスマートさがあるからだ。つまり河村隆一《かわむらりゅういち》的（この固有名詞も意味が希薄になりつつあるけど）なコミカルなキザを押し通せるバカさはない。それなりに自分で崩せてしまうのだ。そうなると、田村正和《たむらまさかず》路線、つまり文句ないほどにかっこいいのだがそれ以上に可笑《おか》しいというモノマネされてなんぼの路線に突き進むことも叶《かな》わなそう。スマスマでコントするくらいの度量があったがために、程よく崩したラフ感、みたいなものはすでに持ち合わせており、歳を重ねて力を抜いていく、という変化も期待しにくい。
キムタク以前の美青年の代名詞といえばジュリーだが、彼の場合は、ちょっと見ない間にすっかりおじいさんになっていた、という巧みな隠れ身の術を使った。すでに40代半ばまで出ずっぱりのキムタクには、そうやってある意味で美青年的な過去を保存しておじさんとして再登場するというのも今となっては難しい。

ということで、私はキムタクの代わりに、おそらく一生読むことがないであろう伊集院静のおじさんの生き様作法の本を何冊も読んで研究したのだが、彼が流儀流儀としつこく説いていることを噛み砕いて説明すると、「パワハラ上等、人と繋がれ」というようなことらしい。
例えば「大人の仕事とはなんぞや」と題されたコラムには伊集院が作家になろうとしたときに、「つまらぬことを、独り仕事が……」と一蹴《いっしゅう》した父についてこんな一文がある。

父は事業をやり遂げ、社員とともに働き、成長することが大人の男の仕事であると信じていた。この頃、つくづく父の考えが正しいと思える。

しかしそうすると、美青年からうまい具合におじさんに脱皮すべきキムタクがグループ解散に見舞われたのは、やはり結構不幸なことだった。さらに大海原に出ることなく、大変大手の事務所に残っていろんな意味での出会いを制限されているというのもなかなかに大人の男感が低い。

伊集院はこんなヒントも出す。「さまざまなものを背負い、未来を見つめ、現場の戦いを指揮し、荒波を乗り越えねばならぬ経営者は大変だろう」。確かに、シャチョーさんというのは、ある意味おじさんの成功例というかおじさんの集大成というか、そういった威厳はある。

なるほどそう考えると、私が勝手に今考えて差し上げられるキムタクの生きる道は、ジャニーズ事務所社長ってことになりますかね。と、解散時に言っていたら、その場所には賢いタッキーがしっかり陣取っている。しかしどうやら最近中国のSNSで大量フォロワーを獲得しているようなので、先行きはそんなに暗くないような気もしてきたけれど、とりあえず彼、ラインスタンプでいびつな笑顔を披露している場合ではない。これからも雑な例示が必要なとき、ちゃんとそこにいて欲しいものだ。

◆人生は上々だ

1995年放送のTBSドラマ。ダウンタウンの浜《はま》ちゃんと飯島直子《いいじまなおこ》のベッドシーンがある、お宝ドラマ。「未成年」と同時期の放送だったために、完

プレイリスト

全に話題をそっちに攫《さら》われたが、プロットも台詞も結構名作。

◆HEY!HEY!HEY! MUSIC CHAMP

ダウンタウンが司会を務め、94年から2012年まで放送されていた伝説的な音楽番組。当初は井上陽水《いのうえようすい》や松山千春《まつやまちはる》、柳《やなぎ》ジョージなど、大物アーティストが新曲だけではなく代表曲などを提げて登場し、ダウンタウンと噛み合わないトークをするという個性的なスタイルだったが、徐々に他の番組と似たような流行のアイドルなどに侵食され、終焉《しゅうえん》に向かっていった。

参考文献

＊スタンダール著、桑原武夫・生島遼一訳『赤と黒』（上・下巻、改版）1958年、岩波文庫
＊オスカー・ワイルド著、福田恒存訳『ドリアン・グレイの肖像』（改版）1962年、新潮文庫
＊生田耕作『ダンディズム　栄光と悲惨』1980年、奢覇都館
＊トオマス・マン著、実吉捷郎訳『ヴェニスに死す』（改版）2000年、岩波文庫
＊伊集院静『大人の流儀』2011年、講談社

オナニー・コンフィデンシャル

吉村洋文

西洋で一時期まで支配的だった「オナニー有害論」が日本に紹介され、それがいかに受容と変容を経て、無害論／必要論に接続されたか、を丁寧に紐解《ひもと》いた社会学者の赤川学《あかがわまなぶ》はかつて自著の中で、オナニーを、農山漁村や軍隊、寄宿舎などで経験する「共同行為としてのオナニー」と、木登りなどの性器接触や陰部のムズムズなどによって触発されて経験する「個人行為としてのオナニー」の二類形に分けて解説した。手淫《しゆいん》をめぐる言説の歴史社会学という氏の議論から離れた上に7段階くらい低いところに陣取って私は、もうちょい包括的な「自慰行為」について、共同・個人の二類形の他に、他者巻き込み型という類型を加えたい。

手で性器を擦れば気持ちがいいとかオルガズムに向かって身体が進んでいくとかいうのは

大体の人に共通するが、その他に何で気持ちが良くなるか、何で絶頂を引き寄せるか、というのは個人差がある。色恋で好きとか言ってよがる人もいれば、アクロバティックなセックスをするためなら寝る間も惜しんで努力する人もいれば、人を支配したりコントロールしたりする快感もあれば、モテている愛されている必要とされていると終始実感したい人もいれば、不倫や遠距離恋愛など好き合っている人との間の障害物に燃えつつ萌える人もいる。そして一人で解決するいわゆるオナニー、手淫、マスターベーション、センズリ、と呼称は何でもいいけどそれらと違って、上記のようなものの多くは一人では達成できないため、みんなダイエットして恋愛に励んだり、結婚によってパートナーを確保したり、海岸沿いでナンパしたり、マッチングアプリに登録したりするわけである。

ただし、ただセックスする相手探しだって、人によっては結構面倒だったり困難だったりするわけで、それに加えて自分特有のその快楽を満たしてくれる人と巡り合い、了承を得て、実践にたどり着くのは途方もない道のりで、しかもニッポンでは見ず知らずの人とバーで席が隣だったというだけで話しかけるとチャラいとかキモいとか言われがちな人見知り文化があるため、性器を擦る以外の快楽を正当な手段で得るのには手間がかかる。その手間を省くために、よく言えば近道、平たく言えば売春が、そこ彼処に転がっているのが、よくも悪くもニッポンの性的快楽の世界である。

常識的には何かしらの形でパートナーを作って求められるべき行為を、パートナーなしに得ようとするという意味で、風俗をオナニーの一種と捉えることはできる。浮気にはうるさい女性たちが、彼氏や旦那の風俗通いは容認するという場合が少なくないのは、それがセックスや恋愛よりもオナニーに近いから、とも考えられるし、パートナーではない証《あかし》として金銭授受があるとすれば、風俗はお金を払うことで合法的に他者を巻き込んだ自慰行為のようなものと考えるとわかりやすいのだ。

売春の是非は置いておいて、人の快楽が多様な形をしているとすれば、そこで売られているのも、何も単純な性器の擦り合わせなわけはない。先日、元新潟県知事が著名な作家とめでたくご結婚というニュースが流れたが、かつて彼はパパ活女子大生と関係を結んだというスキャンダルで知事辞職をした。彼の記者会見が多くの男性に「非モテ」と謎のマウンティングをされながらも、多くの女性に「かわいそう」「辞職までしなくても」「本心で喋ってる感じがした」と比較的好感触で受け取られたのは、彼が売春市場を非常に正当な形で利用しただけ、つまり性的関係と、ほのかな恋心という、一番メジャーな商品目当てに金品を支払ったのが明白だったからだ。

よく風俗嬢のぶっちゃけトーク的な場面で、「ヤッておいて後で説教してくるオヤジキモい」とか、「自分だって買ってるくせに、こんな仕事しないほうがいいとか言ってくるやつなんなの」とか言われている、いわゆる風俗説教オヤジの話が頻出するが、彼らもまた、

「自分の身体を大切にしない可愛くてバカな女の子にドヤ顔で人生を説く」という特異な快楽を得ている可能性が高い。そのオナニーに対して一応説教時間も含めたプレイ時間分のお金を払っているのだとすれば、それはほんのり色恋と単純なセックスを購入する男とは商品の色味が違うだけで、お金を払って他者を巻き込んだ合法的な自慰行為に違いない。

極端な例ではソープに通いつめ、しかもプレイせずに話だけして帰っていく、いわゆる神客という稀少《きしょう》生物がいるが、彼らもまた「他の客とは違う特別な存在」とか「身体を売っているワタシの心を垣間見てくれる唯一の人」とかになる快楽を金で買っているとも考えられるので、何も神なわけではないような気がする。

以前、政権に批判的な態度が誰かの怒りを買って、ひどいタイミングで出会い系バー通いを指摘されたものの、実際は何も助平なことせずに本当に女性の貧困について取材してたらしい、と評価が二転三転した前川《まえかわ》喜平《きへい》は、どちらかというとこういったタイプなんじゃないかと私は見ている。当然、「セックスを目的とせずに身の上話を親身になって聞くという利用はお断り」なんていう規則は売春現場にはないので全く罰せられるべきものではないし、逆に言えば彼もまた聖人君子なわけでもなく、性器を擦るのとは違う快楽のために、お金を使った他者巻き込み型オナニーを、正当な形でしていたと見ていい気がする。つまり神でも悪魔でもなく、極めて平場のおじさんである。

このように、性器を擦られたり舐められたりするよりも、力になってあげる、助けてあげる、親身になってあげる、正しい道へ導いてあげる、と言ったことで悦に入りたい、名付けて「しゃぶられるより助けたい」おじさんというのは、一定数いて、風俗はそういった人の利用にも開かれた、大変懐深い商業施設なんである。まあでもそれは、映画館が、映画を観て楽しみたい人の他にも、この小難しい映画を休日に一人でジャック＆ベティまで来て観ている俺的なものに酔いしれたい人にも開かれているのと一緒っちゃ一緒である。AV女優が、AVで消費される以外に、中村淳彦《なかむらあつひこ》的な文脈で消費されるのもまた、消費者の多様性に配慮した仕掛けとも言える。

さてしかし、米山《よねやま》や前川に対して、生理的あるいは政治的に嫌悪感がある人こそいたとして、私や多くの性売買現場の女子にとっては全く懲罰感情や怒りが湧かないのは、やっぱり自慰行為に他者を巻き込もうという際に、しっかりその対価を払う意思があるからだ。幾ばくかのお金を支払う男というのは、それが壮大な自慰行為であるという自覚がどこかにあるのだが、全くそんな意識がなく、しかし他者を巻き込みながら自慰行為に励む男というのもしばしば見かける程度にはいて、そのような行為は近道でも何でもなくチートであり害悪である。

ナイナイ岡村の風俗発言と、それに激昂《げきこう》した貧困支援活動家の不毛な喧嘩については既に書いたが、岡村の発言の下劣さとは別に、あくまで不幸な風俗嬢たちに寄り添おうとする活動家のあの態度が、「しゃぶられたり舐められたり突っ込んだりするよりも、女を搾取する男とは違う自分に酔いたい」という欲求に基づいているのだとしたら、それは全く自覚なく、つまりはお金を払わずにして、風俗嬢を使って気持ちよくなっているという意味で非常に暴力的な自慰行為ではある。

他者巻き込み型オナニーは、了承を得たパートナーを見つけるか、金銭を介すかしない限り許されるべきではないのは、セックスに置き換えた際に、同意のあるパートナーか、対価を得るプロ相手の風俗以外でそんなことしたら、それはまごうことなきレイプだからだ。風俗嬢に料金を払ってする説教は対価に対するプレイだが、その辺の風俗嬢を捕まえてお金も払わず勝手に親身になるのは精神的なレイプである。藤田某の熱き親身が、現場からはやや冷めた目で見られているのは、料金の支払われない自慰行為に付き合う義理は、風俗嬢からすれば全くないからだろう。

さて最近、岡村事件以外でもツイッターを使った新手の詐欺ならぬ新手のオナニーに出くわすことが増え、無料の他者巻き込み型オナニーに過敏に嫌悪感が湧く私は何とも言えない気持ちになっている。もちろん、現大阪府知事のことである。彼に興味がなかった大多数の日本国民が、大都市におけるパンデミック対応に注目するがために自ずと彼にも注目する羽目になり、もともと持っていたであろう、ヒーローシンドロームとも言える彼の素質がここに来て爆発したんじゃないだろうかと私は訝しんでいる。

吉村《よしむら》大知事様が他者どころか府民たち、ひいては国民を使って壮大な自慰行為をしている確信を持ったのは、先日、自身の記者会見を報じたNHKの記事のリンクを自らツイートし、しかもそのツイートにその記事が切り取った自分の発言をわざわざ引用して打ち直しているのを見たあたりからだ。

こういった様式のツイートはよく見かけるが、普通は自分が感銘を受けたとか問題だと思った記事のリンクを貼り、その中でも問題と思った箇所や感銘を受けた箇所がどこなのかわかりやすく示すために引用を打ち直す。某知事の場合、自分の発言なのだから、別に記事から引用することはない。強調したいならまた自分の言葉で書けばいいし、記事自体の言っていることが秀逸と思ったなら、記事の執筆者の言葉を引用したらいい。NHKが引いた自分の発言をあえて逆輸入ならぬ逆引用してツイートするその態度からは、自分で気に入っている発言にいかにも自分で酔いしれていますという自分の性癖を吐露しているようで、微妙なイケメンが上目遣いの自撮りをインスタストーリーに自分でアップしているのを見せられたような、なんでこんなもの見せられなきゃいけないんだ感でいっぱいの気持ちにさせられる。

この、俺ってイケてるぜ的ポーズは何なのか。批判に屈せず信念を曲げずに突き通す姿勢は政治家に求められる態度だが、彼の場合は、批判に屈せず信念を曲げずに突き通す俺を見て、というアピールが異様に達者で、それは地下鉄車内で自慰行為を異性に見せつける痴漢と大差ない、暴力的な他者巻き込み型自慰行為に思えるのだ。

加えて彼は新時代のリーダーたるべく、SNS上で同じ政党の大阪市長と冗談まじりに掛け合ったりもする。懇意ならば連絡はダイレクトメールですればいいのだが、ツイッターでいちゃつき合うその様は、まるで同意を得ずに第三者を巻き込む3Pである。オナニーの手伝いをさせられた上で、3Pにまで参加させられた視聴者としては、二重にも三重にもレイプされた気分になるのだけど、やはり自慰行為の自覚がない彼らは、時空に精液を放り出したまま、当人無自覚のオルガズムの中から出てこないのである。

プレイリスト

◆パパ活女子大生

玄人のお姉さんにお金を払って相手をしてもらっているわけでも、性行為をお金で買っているわけでもなく、あくまで知り合った素人の女性に金銭的援助をしながら恋愛しているという男の勘違いと、売春や風俗のような貧乏くさい行為ではなく、お金持ちに見染められて貢がれているという女の勘違いが、うまく交差する売春の言い換え。

◆ソープ嬢

夜の仕事の最終形という非プライドと、高級店などではデリヘルやパパ活と違ってきちんとした条件と教育が必要となるプライドによって、ねじれたメンタリティの嬢が多い。日本の合法的な風俗で本番行為がある数少ない形態。

参考文献

＊ジャン・ボードリヤール著、竹原あき子訳『シミュラークルとシミュレーション』1984年、法政大学出版局
＊金塚貞文『オナニズムの仕掛け』1987年、青弓社
＊岡崎京子『pink』1989年、マガジンハウス
＊赤川学『セクシュアリティの歴史社会学』1999年、勁草書房
＊中村淳彦『名前のない女たち』2013年、宝島社新書

死の棘の刺さらぬオトコ

船越英一郎

死の棘

この世で頼りきった私にそむかれた果ての寂寥《せきりょう》の奈落《ならく》に落ちこんだ妻のおもかげが、私の魂をしっかりつかみ、飛び去ろうとする私のからだを引きつけてはなさない。妻が精神病棟のなかで私の帰りを待っているんだ。その妻と共にその病室のなかでくらすことのほかに、私の為《な》すことがあるとも思えなかったのだ。

以上は島尾《しまお》敏雄《としお》『死の棘』の終盤の一文であり、同作品の中でも私の好きな一文である。自身の不貞行為のせいで心がぶっ壊れた妻との果てしない尋問の日々を綴った日本三大メンヘラ文学の一角（私的に他の二つは智恵子抄とドグラ・マグラ）は、妻を病院に入院させ、自分も一緒にそこに寝泊まりするために一旦《いったん》病院を後にし、布団を取りに行く場面で幕を閉じる。ちなみに物語の始まりは「離脱」と題された第1章で、妻に自分の浮気日記を見られてしまうところにある。

梯久美子《かけはしくみこ》による島尾ミホの評伝（ちなみにこの本の扉には生前の島尾敏雄がミホさんに書かされたと思われる誓約書のコピーがつけられており、なかなか身の毛もよだつものなので必見である）が話題となり、ミホの「ひたすら無垢であるが故に狂気に至ったひと」、というイメージが払拭《ふっしょく》されたと感じる人も多いかもしれないが、少なくとも長い間、『死の棘』は究極の夫婦愛などという説明書きを伴った作品として読み継がれてきた。夫の浮気を知って気が狂う妻というモチーフ自体は多くの文学に登場するし、最近では映画「昼顔」の伊藤《いとう》歩《あゆみ》やテレビドラマ「昔の男」の富田靖子《とみたやすこ》などが記憶に新しいが、いずれにせよ狂気を発した妻の前に夫は無力で、ひとまず浮気をやめざるを得ないのだが、今さら優しい夫に改心したところで印象が良くなるわけもなく、苦労しても自業自得感満載でイマイチ正解がない、という点でいずれの作品も死の棘的な閉塞感を踏襲している。

さて、数年前の夏、稲川淳二《いながわじゅんじ》よりも話題になった某呪いのビデオがあった。お掃除上手のあの人が、人気二枚目俳優である夫の浮気を告発したアレである。しかし私は呪いのビデオの内容自体にそれほど興味があるわけでもなく（そりゃそうだ、人の家の夫がハワイに通おうがバイアグラを飲もうが知ったこっちゃない、むしろ私は発信者である彼女のマツイ棒のファンだったのでお掃除ビデオでも流してくれた方が見たい）、そこで晒されるだけ晒されて本人は飄々《ひょうひょう》としている夫のほうにばかり注目していた。

まじまじと見るとやはりとてもイケメンである。最近はちょっとフレームがおしゃれなメガネをしていることが多く、ファッションも夏だと白基調だったり薄いブルーを使っていたりしてこれがまた似合う。これなら別にバイアグラ飲んでいても素敵、と思うし、愛人がいてもおかしくはない。

それにしても、取り乱すことなく淡々と仕事をこなす様子はさすが名優、立派だ。立派だが、一方の妻は取り乱しまくりなわけで、終わりなき尋問に個人的に付き合い、入院まで付き添ったトシオに比べると随分冷たいような気もする。離婚調停に加えて一応名誉毀損などで提訴はしているらしいが、別に「アレ」で彼の名誉が毀損されている感じはしない。むしろ、極めて無傷である。そして不倫さえすればどんな偉人も罪人、という雰囲気の昨今にあって、彼だけは「不倫をしたかしていないかはさておき」、妻のビデオによってとんだ迷惑を被った、となんだかほとんど不問に付されている。それどころかむしろ被害者よりの眼差しを向けられている。

不倫一発で議員辞職、不倫五発で都知事選出馬断念、などのニュースと比べれば、彼の不問に付されっぷりは実に際立つ。近年の不倫ニュースの中で、唯一、不倫された側が「被害

「者」として同情と代弁を集めなかったものとも言える。通常のゴシップで、悪者となる側が被害者となり、通常無批判に被害者と認められる側が悪者になった。

ここでまず私は、夫というもののあり方についての問いに迷わされる。

『死の棘』の妻の言葉から推測すると、浮気がバレる前のトシオは相当にひどい男だった。妻を気遣うことなくしょっちゅう外泊するし、子供の面倒は見ないし、家族でお出かけしたのなんて大昔に一回きりとかそんなレベル。昔の男ってそんなもんだとも言えるが、妻のミホさんはそれでは大変ご不満だったようで、隣の家は休みの日に家族団らんしているのに……と恨みがましい。妻が狂気を発してからは、トシオは献身的に妻と共にその病に立ち向かおうとするが、当然改心してすぐに問題が解決するわけでもないし、終わりなき尋問の中で自殺しようとしたり泣き出したりと情けない姿も晒す。

一方、呪いのビデオの夫である船越英一郎《ふなこしえいいちろう》は長年、妻自身によって自慢されるほど優しく理想的な夫であった。妻が出演するテレビ番組で、その夫の「理想の夫」っぷりが話題になることも多く、顔もかっこよくて人気俳優であるだけでなく、妻の連れ子をも大切に可愛がっているらしいその様子を私たち独身女の多くは爪を嚙みながら見ていた。しかしそんな中、(船越サイドの主張によると)妻によるDVが原因で夫婦関係が破綻し、妻は車で逃亡などしながら孤独に戦い、夫は弁護士を雇って臨戦態勢である。

元気なときに優しい夫と病のときに優しい夫、どっちが良いのだろうか。妻の側からすると取り乱した自分に付き合わず、弁護士を雇って逃げる夫は冷たいような気もする。かといって、もはや正気を失ってから愛を貫いたトシオはかつて全然優しくない夫だったのであって、どうせなら自分が元気なうちに楽しい家庭を築く努力をして欲しかったとも言える。以前、長門裕之《ながとひろゆき》の妻・南田洋子《みなみだようこ》への献身的な介護愛がテレビで放映され話題となったことがあったが、大体、妻が病気になって優しくしている感動の物語に登場する夫は、そうなる前は結構自分勝手な遊び人であったという事例は少なくない。

元気で正気で美しい妻に優しくするのと、狂気に付き合って一緒に精神病院に入ったり認知症の介護をしたりするのとでは、後者の方が体力的にも精神的にも大変であるというのはそれはそうだろうと思う。だから究極の愛と言われたり感動の夫婦愛と言われたりするのだろうが、それがそもそも好き勝手していた男たちの贖罪《しょくざい》に過ぎないと思うと若干気が抜ける。それに不倫すら不問に付されるほどに、外からの見栄え的なイメージ損傷がないとなると、少なくとも男の生き方としては「最初に優しくしておく」というのがどう考えても正解のように思える。ということで件のイケメン夫はちょっとズルいけど超スマートな男として私の胸に深く刻まれた。世の男性は見習えばいい。

ただし、当然自分に降りかからないイメージ損傷は、パートナーに降りかかる。幸福なときに幸福にしてくれるけど、女を悪者にする男、幸福であるべきときにいまいち幸福にしてくれないけど最終的に自分が悪者になる男、答えの出ないおかしな二択は女のほうに残される。そして、なんと相手の浮気によって、相手を悪者にするのではなく、自分が全国区の悪者のようになって夫を被害者にしてみせた松居一代のほうはというと、船越以上の重さを持って、私の胸に強く刻まれた。

プレイリスト

◆マツイ棒

松居一代が提案した便利な棒状のお掃除道具。棒に布を輪ゴムで巻きつけるだけで作れるし、面倒ならアマゾンでも買える。

◆不倫スキャンダル

伝統的な芸能ゴシップの一種ではあるが、お茶の間の人気者だったベッキーと人気バンドボーカルの大ゴシップあたりから、ある種のブームになって、特に有名でもなければ意外でもない人の不倫話まで週刊誌に追われることとなり、各ワイドショーは「今年の主な不倫」みたいなチャートを作ったり、許せる不倫と許せない不倫を振り分けたりと、スクープや重要な調査の皆無っぷりを露呈していた。

参考文献

＊夢野久作『ドグラ・マグラ』（上・下巻）1976年、角川文庫

＊島尾敏雄『死の棘』1981年、新潮文庫

＊高村光太郎『智恵子抄』2003年、新潮文庫

＊有吉佐和子『不信のとき』（上・下巻）2006年、新潮文庫

＊島尾敏雄『「死の棘」日記』2008年、新潮文庫

＊梯久美子『狂うひと「死の棘」の妻・島尾ミホ』2016年、新潮社

＊門倉貴史『不倫経済学』2016年、ベスト新書

痛快ゼツボー通り

中村淳彦
吉田豪

女の涙と不幸を食い物にしているというとどうも、それで私腹を肥やして葉巻でも吸っている女衒《ぜげん》の姿が思い浮かぶ。いきなりぶっちぎりの余談だが、豊田薫《とよだかおる》さんというスカトロ界のカリスマと言われるAV監督とお会いしたとき、もう何十年も風邪をひいていない、というツヤッツヤな肌をみて、やっぱ女優を極限まで辱めるスカトロを長年撮っていると、女がその場で失う何かを自然と吸収して、いやでも健康的になっていくのだろうか、と感心したことがある。

社会の闇を暴くというとどうも、正義感に満ち溢れてタイの売春宿に踏み込む新聞記者の姿が思い浮かぶ。ヤクザに殴られ、売春婦には放っておいてくれと蹴っ飛ばされ、それでも闇を明るみに出すために突っ走って自殺、ってこれは映画「闇の子供たち」の江口洋介《えぐちようすけ》でした。

　さてしかし、確かに女の不幸をネタに飯を食い、社会の闇を暴いているにもかかわらず、中村淳彦という書き手は葉巻吸ってる感はゼロで、江口チックでも全くない。コソコソとアイコスを吸い、「俺なんて」とかブツブツ言って、なんだか知らないけどいつも割と暗い。彼はとても不思議な人だ。

　彼には結構敵がいる。最近映画化された『名前のない女たち』シリーズという企画AV女優へのインタビュー本が代表作とされているが、この本を親の仇《かたき》のように憎んでいる人種というのが少なからずいて、意識が高めのセックスワーカー系の会合などに間違って居合わせると、ほとんど踏み絵のように中村淳彦の悪口に同意を求められることがある。セックス界隈の人権派みたいな人たちは基本的に中村本のことが嫌いらしい。AV業界の中の人、外の人にかかわらず。


　インタビュイーがインタビュアーを嫌うのはそんなに不思議ではない。取材というのは基本的に、対象者が「放っておいたら言わないこと」を言わせるためのものであって、言いたいことならこの時代、どうぞ勝手にブログでも開設して思う存分言ってくださいという感じなので、「言うはずじゃなかった」ことを言わされたり、自分がアピールしたい自分の姿ではない姿を描かれたりしたら、気に食わないと思うのは自然なことだ。それは新聞記者の端くれでマスゴミなんて括られていた私はよくわかる。

ただ、『名前のない女たち』を嫌いなのは当然、登場する当事者たちだけではなく、AV女優だけでもなく、なんなら女だけでもない。そして向けられる批判の内容を見ると、むやみやたらと不幸でドラマチックに脚色され、悲劇のヒロインのように仕立て上げている、見世物的で露悪的、と、そんなところだ。誹謗中傷というほどではない。確かに『名前のない女たち』シリーズは暗くて悲惨で見世物的なわけで、批判というより事実を言っているとも言う。

例えば、インタビュー集ではなくAV強要問題を扱った新書『AV女優消滅』の中にもそう言った中村節の片鱗《へんりん》はある。

涙を浮かべながら、唇をかみしめる。話は終わった。現役時代に前向きでポジティブな超人気女優だった彼女は、渋谷でスカウトされた大学1年生のときの選択を心から後悔していた。

彼の本でよく女の子たちは、涙を浮かべたり下を向いたり唇を嚙んだりする。そのあたりの描写もよく、意識高めの女子会では文句を言われる。

そして、その闇に惹きつけられる人たちももちろんいる。ちなみに、彼の本が大好き、と堂々と言うのは実は女の子が多く、その中には、AV女優や風俗嬢も多い。私もAV女優時代から、『名前のない女たち』は読んでいたのだが、キャバ嬢や風俗嬢が多く出入りしていた私の部屋では、本棚の漫画以外の本が貸し出されることはあまりなかったのに、唯一中村本だけはキャバ嬢や風俗嬢がこぞって読み始め、そのまま借りていき、もちろん返してくれないので、修論を書いているときにはシリーズをわざわざ揃え直した。別に修論にすごく役に立つわけではないし、2回買い揃えるほど愛着がある本ではないが、AV女優のVTR以外での消費のされ方として、大変代表的で象徴的だったのだ。

好きという子が必ずしも、ゴシップ的な意味で人の不幸を覗き見しているかと言うと実は結構違って、中村本が女の子を通じて見せる絶望的な景色に入り込み、迷子のようになって少し絶望して帰ってくるのだ。人の不幸が楽しいのなんて当然だが、本の愛好者はなぜか全然登場人物たちに同情する風はなく、痛快ではあるけどなんか凹む、といった気分になるらしい。

私は彼に何度も会ったことがあるが、会うたびに基本的に彼は身近な出来事を通して世界に絶望している。ある意味、本のイメージがここまで壊れない書き手はすごい。何かに声を荒らげるわけでも、怒って失礼な態度を取ってくるわけでもなく、ひたすら全体的に悲観している。

彼は社会の暗い部分を明るいところから眺めるでもなく、正義という名の光を当ててみせるでもなく、社会の暗い部分を見たら素直に絶望し、女の子が抱える暗さが見えたらこれまた素直に一緒に暗くなるおじさんのようだ。そう考えると意識高い系風俗界隈の人々に彼が嫌悪されるのはよくわかる。夜・昼に関わらず、意識高い系の人の世界の把握というのは「世界は暗いこともあるかもしれないけど、明るいものは見出せる」あるいは「世界は決して暗くないし、僕たちが描くべき未来は明るい」であって、明るさを見出そうとしない絶望おじさんは、彼らにはさぞ禍々《まがまが》しく見えるだろう。

そして当然、ある種の人々が惹きつけられるのは、みんながみんなそんなに意識が高くもなければ、希望を見出そうとする言葉が好きでもないからだ。

「明日クビになっても大丈夫！」とか「疲れた日は頑張って生きた日」とか「環境を変えるだけで人生はうまくいく」とか言われると余計疲弊する場合はある。希望に満ち溢れたキラキラの断片を見せつけられると、いや、全然世界なんてクソだし、と絶望してみせたくなる。そんなときに、絶望しか見出さないおじさんの存在は結構強い。

インタビュアーというと多くの人の脳裏にパッと浮かぶのは吉田《よしだ》豪《ごう》だろうと思う。彼のインタビュー記事は時々強烈に面白くて、プロインタビュアーなんてあやしげな肩書きを名乗っているのはよくわかる。彼の記事を読むと多くの人が「〇〇さん（インタビュイー）に対する見方が変わった！」「〇〇さん（インタビュイー）のこと嫌いだったけど好きになった」なんて言葉を吐きながら、「やっぱり吉田豪すげえ」とか言ってる。

吉田豪は著作の中で「インタビューとはプロレスである。ただし、それは予定調和みたいな意味ではなく、相手が気を抜いたら何をされるかわからない緊張感のあるプロレスである」と持論を展開する。その世界観でいうと、インタビュー記事が興行的に成功しているのは、それを華やかなコンテンツに仕立て上げるプロの技なのだろうし、彼のインタビューが時にカウンセラー的だとか悟り系であるとか言われるのは、天才的な受け身・かわし方の巧みさがそう見せるのであろう。

そして当然、読者に「〇〇さんの新しい一面が見えた」と言ってもらえる〇〇さんにとって、吉田豪はメンター的な恩人としても残っていくわけで、同じくコンテンツとして消費されるのであれば、そりゃあ絶望のどん底みたいな中村節に乗せられるよりは多分イメージ的に全然いい。

記事を読むと中村インタビューは結構どうでもいい中村さんの気分とか体調とか出てくるのだが、吉田インタビューは極めて達観的に描かれている。そして目の前にいる対象者を主役にしっかり仕上げ、自分の批評や主張はなるべく排除し、そして、なぜか最終的な評価の局面で、必ず「吉田豪すげえ」と主役の座を奪っていく。私や多くの女子は、自分がお姫様でいたいので、彼を前にすると、綺麗にお化粧してもらって綺麗な服を着せてもらってすごく褒められて、結果国民は化粧した人の腕を褒めてる、みたいなもので、実は「え、なんか持ってかれた」感というか「こんなはずじゃ」感がちょっとありそう。

私自身は、雑誌の企画でちらっとお会いしたことしかないのだが、情報に無駄な思想や主張を載せないからこそ、まとっている無敵感のようなものがあり、うーん、彼女とかになったら日々この人の前で敗北しなきゃいけないのか、ちょっとやだな、と思わされた。聞き出す力おじさんは、やっぱりものすごく批評家的なのだ。

そんな吉田豪はとある鼎談《ていだん》で中村淳彦について、共感的でブルージーな永沢光雄《ながさわみつお》に比べて「突き放すんですよ、お前らはだめだ、という感じのスタンスで書く人ですね」と評している。確かに中村は平気で人のこと「底辺」とかいうし、あれはダメだ、全然ダメだ、と誰も聞いていない独り言をぶつぶつ言い続ける。ただ、私自身がAVギョーカイに若干だがズッと入った時期があるが故に、中村本は突き放してはいるものの、その遠慮のない、ある意味で暴力的な絶望は、同じ穴のムジナだからこその苛立《いらだ》ちや絶望だということもわかる。だからこそ、ものすごく遠いところからズームしていく吉田的批評眼は絶対に持ち得ないのではあるが、一緒に七転八倒で一緒に病んでいる点で、時になぜか女の子読者を獲得するのだ。『名前のない女たち』でも文の端々に、「我々のいるエロ業界」といった中からの視点が強く感じ取れる箇所はあり、中村淳彦自身は絶望の国の絶望の業界の中から絶望の世界を眺めている。AV業界を心底見下しながら、その見下した先に自分を置いている。それはかつて永沢光雄が、AV女優たちを「おんなのこ」として共感して描いた景色よりもずっと残酷だが、世界って割と残酷だし、明日クビになっても大丈夫なわけないので、そんな絶望おじさんが、「大丈夫！」とキラキラお目々で訴えかけてくるブロガーよりは心地良い、と思う女の子たちだっているのだろう。

それはある意味、宮台真司《みやだいしんじ》が「まったり革命」と呼んだ、「世界はクソだし私もまぁまぁクソだけどパンツでも売って楽しくやろう」としていた女子高生たちにも通じる感覚だ。世界もクソ、お前もクソ、俺もクソだし、このギョーカイなんてクソだらけ。とりあえずクソなまま絶望しておこう。

と、いうことは、あの絶望おじさんって、あんなメガネにスーツの暗めのおじさんでありながら、実はちょっとギャル味もあるということになる。

◆映画「闇の子供たち」

同名小説の映画化。臓器売買とペドフィリア売買春という重苦しい上にグロめのテーマだが、意外とPG12なので中学生は見放題。フィクションではあるものの、ドキュメンタリー風の箇所やいかにもタイの貧困層は子供の臓器

を売ってますよ的な誤解を誘発する設定により、案の定バンコクの映画祭では上映中止となった。

プレイリスト

◆意識高めの女子会

近年増殖中の、フェミニズムをスーパーフィシアルにインストールしてツイッターで大層な正論を偉そうに披露し、しかしレストランやブランドショップでは金持ちの彼氏の金は使いまくるタイプの女子たちが集まる会合。

◆ギャル味

意識が低く、正論は言わずに生きることに長けた女子たちが帯びる風味。近年、意識高めの女子たちに押されて急速に勢いを失いつつある。

参考文献

＊ジャン＝ポール・サルトル著、白井浩司訳『嘔吐』（改版）1994年、人文書院
＊永沢光雄『AV女優』1999年、文春文庫
＊梁石日『闇の子供たち』2002年、解放出版社
＊古市憲寿『絶望の国の幸福な若者たち』2011年、講談社
＊イケダハヤト『まだ東京で消耗してるの？　環境を変えるだけで人生はうまくいく』2016年、幻冬舎新書
＊はあちゅう『疲れた日は頑張って生きた日　うつ姫のつぶやき日記』2016年、マガジンハウス

＊吉田豪『続 聞き出す力』２０１６年、日本文芸社
＊中村淳彦『ＡＶ女優消滅　セックス労働から逃げ出す女たち』２０１７年、幻冬舎新書
＊ヨッピー『明日クビになっても大丈夫！』２０１７年、幻冬舎

ハルキはソレを愛しすぎてる

村上春樹

色っぽくエロくはありたいが、あけすけではないように気をつけている。これは別に私だけではなく、女の人の多くが心がけているフツーの感覚だと思う。「この間、ナンパしてきた男とホテルに行ったらシュウマイみたいな真性包茎で、臭いからコンドームかぶせてからフェラチオしたら、口の中がずっとゴム味でご飯がまずくてたまらん」なんていう会話は、よほど密閉された女同士の空間の中でのみ許容されるのであって、うら若き男子たちがちょっとガールトークを盗み聞きしよう♪　なんていう気軽な態度で盗み聞いたら、割と百年の恋も冷める。

もちろん話題のＴＰＯというのがあって、会社の飲み会ではドン引きされるようなことも、

AV女優のサイン会だったらそれなりに歓迎されることもあるし、セックスの最中であれば多少の「私のピ――にピ――をピ――して」的な物言いは必然性すらあるのだが、基本的には露骨な下ネタというのは日常生活では避けるに限る。これは別に美人・ブスに限らず、女の人全般に言えることで、石原《いしはら》さとみだろうが吉永小百合だろうが、「本田《ほんだ》のシュートかっこよすぎてグッチョリ濡れちゃった」なんて言ったらいくら何でもドン引きで、だからこそ、脱いだときの価値が上がるわけですし。

なぜかこれが男になると、下ネタに関して多少あけすけであるほどにさらにモテ度が上がるという現象がある。福山雅治《ふくやままさはる》とか星野源とかリリー・フランキーとか、いかにもモテ指数の高い人たちはラジオや深夜番組など限られた場所では割とオープンにエロい話をしているイメージ。逆に性的な話題に顔を赤くして黙り込んだり、口を固く閉ざしたりすると、女々しいとかつまらないとか勝手な評価をされることすらある。ちなみに私は、昔福山がHEY!HEY!HEY!で披露した、「酔いつぶれて寝ている女を拾って帰った話」がお気に入りです。

そして下ネタを自由に操るイケメンたちを遠目に見ながら、我も我もと実践に移し、当然の如く失敗している男たちの数も死ぬほど多い。「やだ、傘持ってなかったからびしょ濡れ」なんて言う女子社員の後ろから、「え、びしょ濡れ～？　どこが～？・」なんていう、雨の二百倍不快指数の高いセリフを吐く上司など登場したら、下手すりゃ#MeToo、下手しなくても割と嫌われる。

男同士の場でおじさんたちが何を話そうが知ったこっちゃないしどうぞご自由にという感じなのだが、少なくとも辛辣《しんらつ》な乙女たちに向かってエロい言葉を言って歓迎されるのは、少なくとも一定数の女性から「あなたになら抱かれてもいい」という評価をされるような男に限るらしい。不公平な話ですよね。でも人生って不公平だし、おじさんは損な生き物なのですよね、ドンマイ。

社会学者の宮台真司とAV監督の二村《にむら》ヒトシが昨年発表した共著では、性の達人（自称）の二人が結構露骨なセックスの話をするのだけど、如何《いかん》せんそのお二人が（若いときさぞモテたのかもしれませんが、と棒読みで一応言っておきますが）そんなに「抱かれてもいい」感じではないので、ところどころ不快指数がリミッターを掠《かす》る。どれくらい掠るかというと田中康夫《たなかやすお》のペログリくらい掠る。

ちなみに私的な不快ハイライトは二村監督が「男性の肉体的オーガズム、それもペニスで得られる従来の性感ではなく、前立腺《ぜんりつせん》や乳首での快楽も研究していきたい」と最近の彼の仕事の方向性について語った後に、「今ここで宮台さんの乳首や肛門《こうもん》に触らせろとは言い出しませんが」と付け加えるところ。しかも宮台先生は「僕も10代の若い時分には、女子になったつもりで、電車に乗り、街を歩き、しゃがんで排尿して……」なんて斜めから一歩上いく返しを見せる。なんで脂ののったおじさん同士の肛門を想像させられなきゃいけないのか。

さて、いつものごとく思いっきり前置きが長くなったが、常に日本人のノーベル文学賞への期待をモリモリ刺激する大作家について、最近私は大変不信感を持っている。近年の、というか初期の作品群を除いた村上《むらかみ》作品におけるセックス描写というのは彼の文学を巡る言説の中にも度々登場するし、『スプートニクの恋人』における謎勃《ぼっ》起《き》や、『ノルウェイの森』のレディコミ級頻出セックス（未遂含む）などは、私も結構楽しんで読んでいた。

世界中に多くのファンを持つ彼の作品が、新作が発表される度にどんどん強い「ハルキ節」を帯びてくるのは、ある意味で期待への応え方が見事とも言える。丁寧で独特な比喩やクラシック・ジャズなどの音楽や図書館・料理の描写は、少なくとも日本の文学の系譜において村上作品でしか味わえないものであるし、ファンが期待するのはよくわかる。そして特に近年の作品において彼が愚直にその期待に応えてきたのも、また言うまでもなく歴然としたことではある。

昨年発表され、当然のごとくさらっとヒットした『騎士団長殺し』に至っては、村上自身の村上文学論ともとれるような色味まで帯びた、丁寧で惜しみない彼の仕事の反復的な要素が満載。そしてそこには当然、評論家の渡部《わたなべ》直己《なおみ》が「例によって一定の間隔で近所の人妻とのセックスシーンが出てきて」と指摘するように、割と露骨だが静かなセックスシーンが頻出する。

「どう、十分硬くなったかしら?」と彼女は尋ねた。「金槌《かなづち》みたいに」と私は言った。

長い口づけが続いたあと、彼女は手を伸ばして免色のズボンのボタンをゆるめ、彼のペニスを探った。そして硬くなったものを取り出し、それをしばらく手に握っていた。それから身をかがめて、ペニスを口にくわえた。

『1Q84』にも多くのセックスシーンが出てきたし、これをある種のハルキ的なお家芸として、「ファンサービス」なんて言う評論もちらほら見かける。ちなみに前出の渡部は自身のフェイスブックで以前、このようなセックス描写を「非モテ系男性読者の妄想に資したり」と揶揄していた。ただし、一部報道によると渡部が2018年突如早稲田を去ったのは大学院生の女性とのスキャンダルが原因だったので、揶揄《やゆ》してないで非モテ系男性たちとともに妄想してたほうがよかったような気もする。

なるほどお家芸ではあるかもしれない。ただ、サービスっていうのであれば、当然、スピッツのライブのアンコールで「ロビンソン」が歌われたり、エアロスミスの日本公演で「ミス・ア・シング」が歌われたりするような、「待ってました」という声が聞こえそうなものなのだけど、村上春樹《はるき》ファンでセックスシーンに嫌味ではなく「待ってました」と歓迎の声をあげる人ってどれだけいるんですかね。正直、村上春樹ファンの非モテ男性であっても妄想するならAVとか青年漫画とか、せいぜい官能小説とかあるし。

昔、ふすまを破いたペニスを描いたどこぞの都知事もいたが、ペニスが金槌みたいに硬くなること自体は草食化の時代において心強いことではある。心強いことではあるが、なんというか、これだけ期待に応えながら作品を構築している彼の後期作品において、セックス関連のところだけ若干、誰の期待に応えてるのかが微妙に不明なのだ。『ノルウェイの森』の露骨な性描写に当時高校生ながらドキドキした、というレベルの話は男たちから聞いたことはあるが、「今回も性描写がサイコー」なんていう感想はあんまりない。

そして、長い前置きで説明した法則にのっとれば、村上春樹が女の人に「あなたになら抱かれてもいい」と思われているか、というともちろんかなりギリギリのラインである。以前、彼が女性誌に連載していたエッセイで、長生きはしたいが、おじいさんになってからの写真が後世に残って、村上春樹といえば白髪のおじいさん、となるのは嫌だ、というようなことを書いていて、それを読んだ私は、確かにフィツジェラルドや芥川《あくたがわ》や太宰に比べて、どうしたって井伏鱒二《いぶせますじ》や川端《かわばた》っておじいちゃんのイメージになるな、と思ったものだが、少なくともすでに私たちが抱く村上春樹のビジュアルイメージは、「白髪のおじいさん」ではないにせよ「ヒゲの濃いおじさん」なので、芥川系統に修正するのも時すでに遅し。

私は特別熱の入ったハルキ読者ではないのだが、『風の歌を聞け』は青春がある程度色づいたほど好きで、「もしあなたが芸術や文学を求めているのならギリシャ人の書いたものを読めばいい。真の芸術が生み出されるためには奴隷制度が必要不可欠だからだ」という一文を、しびれながら読み返し、抽象的思考というものを持たない私は、奴隷とオデコに描いた男にトゲトゲの首輪をしてその上に跨《また》がり、背中に紙を置いて詩を書く生活を想像した若き日の記憶があるのだが、少なくとも私が今も一応新作が出たら読むくらいには彼のことを追っているのはこういうゴリっとした一文に出会った記憶によるものであって、決して金槌みたいなペニスに出会うためではない。金槌みたいなペニスに出会うためにハルキ文学を追っている人がいたら教えて欲しい。

プレイリスト

◆石原さとみ

女性のなりたい顔ランキングの上位にずっといる、美人女優。有名人とも噂になったが、2020年10月に一般人男性と結婚予定であることを発表した。「With」で読者の質問に答えた「もし結婚したいのなら、たとえ大好きだとしても結婚願望のない相手との関係は切った方がいい」というのは至言。

◆ミス・ア・シング

1998年の曲。ボーカルのスティーブン・タイラーの娘が出演した「アルマゲドン」の主題歌。ミス・ア・シングしたくないっていう原題なのになんで日本でのタイトルをミス・ア・シングだけにしたのかは謎。

参考文献

＊石原慎太郎『太陽の季節』1957年、新潮社
＊村上春樹『風の歌を聞け』1979年、講談社
＊団鬼六『花と蛇』(全8巻) 1985年、角川文庫
＊村上春樹『ノルウェイの森』(上・下巻) 1987年、講談社
＊田中康夫『東京ペログリ日記』1995年、幻冬舎
＊村上春樹『スプートニクの恋人』1999年、講談社
＊宮台真司、二村ヒトシ『どうすれば愛しあえるの　幸せな性愛のヒント』2017年、ベストセラーズ
＊村上春樹『騎士団長殺し』(第1部 顕れるイデア編・第2部 遷ろうメタファー編) 2017年、新潮社

フェミ愛すべきオスがいて

石原慎太郎
椿三十郎

お酒はぬるめじゃなくてもいいが、男は踏ん反り返ったバカがいい。踏ん反り返りついでに、「えー涼美バカだからわかんなぁい」という号令に「じゃあ俺が教えてあげようぞ」と言わんばかりのつまらないウンチクを振りかざし、上目遣いのだっちゅーのポーズに札束を放り出し、「いやよいやよもいいのうちだろ、お前だってスキモノだろ」と性器まで勝手に踏ん反り返し、東に病的な巨乳あれば行って鼻の下を伸ばし、西に疲れたぷっくりアヒル唇あれば行って強引に吸い付き、男だからこそ見せなきゃいけない根性とか、男同士の悪ノリとか、男気ジャンケンとか男・山根とか飲んで飲んで飲まれて飲んでとかやっていてくれたらいい。そうである限り、私のすることはひたすら彼らをワルモノにしてワルグチを重ね、谷間に挟まった札束を数え、それはとりあえずもらっておいて、再びワルグチを重ねるだけで、実にシンプルだ。

私が初めて勃起を見たのは完成直後の渋谷QFRONTのTSUTAYAで、「Creamっていう雑誌の取材なんだけど」「男のアレを見たときの女の子のリアクションを見なきゃいけなくて」「何も触らずただ見て何か一言言ったりしてくれれば謝礼払うから」「こっちからも何も触んないから」と寄ってきた男のそれだった。こちらはこちらで、そんな処女の女子高生でも嘘ってわかる嘘でお金払ってまでオナニー鑑賞させて悲しい生き物だと、あちらはあちらで適当な嘘信じてホイホイついてくる悲しきバカな女子高生だと、それぞれ勝手な自分文脈で相手を見下していた。しかしこちらは指一本触れさせずにトイレで5分でお金稼げる私サイコー！　と、あちらはお金で女を思うようにトイレに連れ込める俺サイコー！　と、地獄の底でお幸せな自己肯定をしながら、落とされた精子は流れる水洗トイレの中でぐるぐる回り、そうしてその日も地球が回った。

寄ってくる男というのがすべてそのようであってくれたら、私はおじさんなんていう生き物と分かり合うことは一生無理だとやはりシンプルに納得し、そのような世界で自分勝手な文脈を勝手に生きる。

しかし当然、男がそう単純でバカでいてくれることもなく、むしろ最近では従来的な意味での男性性を自戒を込めて猛省し、むしろ先頭に立って女性への暴力に怒るという態度は頻繁に見られるようになった。そういう、賢くって優しくって女の味方のおじさんたちを、私は「椿三十郎《つばきさんじゅうろう》」で言うところの田中邦衛《たなかくにえ》のポジションで障子の隙間からジロジロ見ている。

田中邦衛扮《ふん》する保川という若侍は、急に現れて自分ら「正義感の強い汚職告発若侍」の味方をしてくれる椿三十郎こと三船敏郎《みふねとしろう》をなかなか信用せず、信用しないがために自分勝手な行動をとって味方の侍や椿三十郎に迷惑をかけるわ、命を危険に晒すわ、せっかくの計画をおじゃんにするわの困り者で、結局椿三十郎の助けなしには何も役に立たず、最終的には椿三十郎に超感謝しまくって、多分最初信用していなかったことを気恥ずかしく思いながらすっかり尊敬する。要は突然現れたヒーローものフィクションで、相手をなかなか歓迎できないが、結果その相手に救われまくる、ちょっと恥ずかしい捻くれ者という役どころである。

しかしもし椿三十郎が「椿三十郎」ではなく、味方のフリして近づいてくるワルモノだった場合には、この田中邦衛ポジションはホイホイ信用する若侍たちを救う役どころにもなりうる。若侍たちが一瞬分裂するのもこの味方だか敵だかよくわからない魅力的なおじさんの登場のせいで、おじさんが全て汚職する家老みたいな毒まんじゅうみたいな奴ばかりなら、わかりやすく一致団結する。つまり、問題は男女の問題において男の加害者性を強く糾弾する新時代のリベラルおじさんたちが、椿三十郎なのかどうかということだ。

これが男女逆だと、男女の問題で女を批判して男の論理を擁護するような、保守論壇の女性専用席に座るような女は、名誉男性とかおじさんに毒された思考とか言われて裏切り者のレッテルを貼られ、男以上に憎まれる存在となる。

しかし自称保守の程度の低いおじさんに可愛がられるその席は、ポジションとしては需要があるので座らんとする女はどの時代にもいて、その嫌われと愛されは結構ちゃんと確立している。次元が低いが、多分今で言うとLGBTQを生産性がないと言ったり、レイプ事件の風刺漫画を描いたりした女たちはその席にしがみついていて、そして当然、男性のおっさん臭さを糾弾する立場のリベラルおじさんたちも、このウヨサーの姫たちを地獄のように忌み嫌う。

もし男女が対称的な存在だとしたら、リベラルおじさんたちはフェミサーの王子なのであるが、彼らはそんな、自分らが地獄のように嫌いなウヨサーの姫たちと並べられたら烈火の如く怒るであろう。そこには、弱者の側に生まれながら強者の論理を代弁する彼女らと違って、強者の側に生まれながら弱者の論理を代弁する自分らは、椿三十郎であって宇都宮健児《うつのみやけんじ》であってバットマンであってウヨサーの姫ではないという気分と自負が多分あるし、それはおそらく正しい。女が男思考をインストールした場合にある経済的なメリットは、底辺おミズ上がりの私は幸いよく知っているが、男が女の味方をした場合のメリットは少なくともそれほどにはない。

こういった逡巡は何も私が障子の隙間からぶつぶつ言うまでもなく、進んだおじさんたちは高度に色々考えているようで、もともと「男らしくない」と言われて男性性に居心地の悪さを感じながら、一方で男子校育ちメンタリティも持つという清田《きよた》隆之《たかゆき》は新著で、女性の恋愛相談に乗る活動を通してこじれた男性性が解きほぐされて生きやすくなったものの「今度はジェンダーに理解のある優等生みたいな発言をして褒められてようとしている自分が出てきたり、他の男性に対して「まだ男らしさで消耗してるの?」と優越感を抱こうとしている自分が見つかったりして」と書いている。

『男がつらいよ』の著者である田中《たなか》俊之《としゆき》は、「やさしいきびしさ」の名の下で体罰やパワハラが正当化されてきたものの、今相手を傷つけないよう全力を尽くす「きびしいやさしさ」は表面的な取り繕いから悲劇を生む危険性もある、と「やさしい」世代の男子たちのジレンマを解説する。

障害者支援と性風俗問題に詳しい坂爪真吾《さかづめしんご》の新刊では、フェミニストを名乗る女性らの中にも「リベラル男子」を「フェミニズムの言葉を簒奪《さんだつ》して自己弁護をしている」と攻撃する者たちがいると指摘していて、それをフェミニズムを理解する男子たちはフェミニストの攻撃が最も通じる相手だからと説く。

舟唄《ふなうた》をBGMに、女性よりも女性問題に詳しい彼らの本を読んで、男に生まれただけで無自覚に傷つける側だった自分らへの反省と、真面目に人間であらんとする姿勢に敬意と舟唄を捧げながら、私がどこまでも田中邦衛なのは、そんな次元の高い話ではないのだと感じる。スズミは頭が悪いから、彼らの高度な逡巡のような形で違和感を持っているわけではない。別に優等生的発言で悦に入ろうと、やさしさのジレンマがあろうと、フェミ語で自己弁護をしようと、やさしい男はいいもんだ。

ただ二点ほど変な匂いはする。一つは、そもそも男って、男の愚かさを語るのが大好きで、「又ひとつ女の方が偉く思えてきた」と言って酒を飲むのは河島英五《かわしまえいご》から続く伝統で、「男ってバカだからさ」と悪ぶったナルシシズム通称ワルシシズムを振り回すのを長年見ていると、リベラルおじさんたちの男性性への気づきなんていうのもまた英五的なアレの変形にも見える。

さらに言うと、おじさんって過去を悔いて犠牲になったり愚かさを後悔したりするの好きじゃん。あと殉職好き。映画「ワンダーウーマン」でも、凡人の男はワンダーなウーマンの力を信じて、自分は進んで彼女を含む世界を守るための犠牲となる。あれはたぶん、男から見ると美しい話に見えるんだろうけど、ワンダーウーマン的には非常に寝覚めが悪い。悦に入って殉職されても、残ったこちらの泥臭い日常は続く。もう一つ、SNSなどでやさしい男たちが弱者・女を代弁するとき、往々にして彼らは正しすぎる。彼らが最も活躍するのは、男のわかりやすい暴力事件のときだと思う。

「男と泊まったらレイプされた」「おじさんにキモいと言ったら殴られた」「男の誘いを曖昧なラインで返したら強引に部屋に入ってきた」「セクシーな服を着ていたら痴漢されたみたいな事件に対する「女の方にも危機感がない」というようなセカンドレイプ的な発言が出回るとき、椿三十郎は自らに刺さる凶器も気にせず、一心不乱にそのような発言を切り刻む。そしてなぜ被害者の方が責められるのかと怒る発言は男によってなされることが異様に多い。そして彼らはラディカルで正しいので、女性たちが「私も迂闊《うかつ》なことはある」と反省することを許さない。本来悪いのは当然レイプしたり殴ったりする人たちだという原則に忠実である。

彼らの指摘は一点の曇りもなく正しく、私は彼らほど一点の曇りもない眼差しを持たない。世界の間違いが是正される前に死にたくないし、正しいよりも生きることが大事で、女の肉体を持って、是正される前の世界を生きるために差し当たって必要なのは、時に思想よりも単純な護身術だったり、鎧《よろい》だったりする。そういう生々しいサバイバルを経験した女たちの言葉は、男のそれよりラディカルでもファンダメンタルでもないし、自分らの武装が本来的な意味では正しさに欠けることを知るが故に、やさしい男の曇りのない主張にイライラする。

逆説的だが、やさしい男が間違った男を心から間違っていると指摘するとき、そこには、男たちもきっと自分らが辿ったような正しい方に変わっていけるという、男性への根本的な信頼があるのだけど、そもそも男性そのものに半信半疑のこちらとしては、どんなに世界が好転しても、レイプ魔が撲滅しないかもしれないと思っている。便器でぐるぐる回る精子を背景に万札をポケットに入れた私なんかは大いにその疑いを持っていて、いくら貧困支援者が根本的には性搾取である売春撲滅を訴えても、お前は社会を良くするために闘わないクソだと罵られても、愛と愛のあるセックスだけでこの世が回っていくとは全然思えない。

先日投開票が行われた東京都知事選は、やさしい男とはいろんな意味で対照的なキビシイ女が再選を果たした。オヤジ的な価値観で権力の座にドシッと座る彼女は、やさしい男にも新時代の女にも忌み嫌われがちなポジションにいるが、4年前の都知事選では、彼女よりさらに高い位置から「大年増の厚化粧」と罵ったおじさん、というかおじいさんがいたせいで、彼女のオヤジ性や権力者的なところは相対的に影を潜めて見えて、女性であることや権力と戦っていることのほうが前面に出ていた。どう考えてもああいった発言は、ユリコ的には自分をジャンヌダルクのようにする魔法として、役立ったに違いない。

言ったほうのおじいさんもまた、4回も都知事選を勝ち抜いた元都知事である。そもそもババアを有害だと言ったり、女性専用車両に乗ってやると言ってみたりする人だが、別に女性問題に限らず人を逆上させる発言が得意なので、何を小馬鹿にしているかと言えば、わりと全部を見下している。それは、生意気で、裕福で、遊び人の高校生を描いたデビュー作『太陽の季節』で障子にペニスで穴を開けていた頃から基本的にはそうだ。

女と言ってもイロイロ咲き乱れるの、なわけで、新聞記者もいればAV女優もいるし、都知事もいれば1億円キャバ嬢もサンキュー風俗嬢も刑事も詐欺師もいるのだけど、男と言ってもまた色々いる。そして慎太郎爺様《じいさま》は、従来的な男ジャングルの圧倒的な強者だった。

体格にも恵まれ、裕福で頭がよく、かといって箱入りやガリ勉ではハクがないのだが、酒やタバコやギャンブルや女で遊ぶ生活も知り、喧嘩の心得もあり、芥川賞で颯爽《さっそう》とデビューを飾り、弟は国民的スター、自らは政界入りを果たしで閣僚も経験し、日本一勝つのが難しいとされる都知事選を何度も勝ち抜いて、東京メトロポリスのトップを張り続けた。

清田が「〝男性性〟にずっと違和感を抱えながら生きてきた」のだとしたら、慎太郎は多分男性性に一分の違和感もなく生きてきた上に、清田らに違和感を抱えさせる土壌を作ってきたタイプ。フェミニストが指摘する問題点を抱えた社会は、こういったおじさんたちが作ってきたのは間違いないのだが、世界がどのようであっても、こういったおじさんたちは自分の男性性ではなく、自分の男性性に嚙みつく「ババア」たちのほうに違和感を抱えるであろう。

私が新聞記者になって最初に担当したのが石原都政で、時は2009年、石原が東京五輪招致の大舞台で、リオに敗れる大イベントがあった。彼は日本に帰ってきた直後の定例記者会見で、「俺も泣いたよ、帰りの飛行機で、皆さんとともにとても気持ちのいい涙を流しました」、と話した。慎太郎爺様や喜朗《よしろう》爺様が五輪に情熱を燃やすのは、彼らが違和感を抱く「ババア」たちが力をつける前、彼らのような男が一点の曇りもなく世界の頂点にいた時代へのノスタルジーが確実にある。だから「ババア」たちのいる長い会議に文句をつけて、結果的に自分が排除されたりもする。彼らを泣かすのは、女性を踏みにじった後悔でも、痛めつけられた弱者の言葉でもなく、そのノスタルピックの夢が叶わなかったときである。

ワンダーなウーマンたちが色々な形で力を見せる時代は複雑で、男>女の構図は各所にあるものの、男A>女A>男B>女Bのような構図もあって、女に理解を示す男Bが女Aしか見えていなかったり、女の力によって徐々に正義の書き換えをしているのは男Bだけだったり、男Aが認識している女は女Bだけだったりすることもある。私は慎太郎爺様のような男Aが時代によって淘汰される期待も持っているけれど、実は裕福でエリートで遊びも知っているような男Aたちは今でも量産されていて、彼らは男Bたちが血のにじむ努力で作り上げた新しい男の言葉を、ファッション的に拝借して潜んでいるだけで、根本的に変わることなんて無理なんじゃないかとも思っている。

いくら女がクレームを申し立てて、男たちが真面目に気に病んでも、男Aの耳には本当に一ミリも届いていない気が時々する。そして本来、フェミニズムに触れてちょっと振り返ったり気に病んだりすべきは、男Aたちによって違和感を抱かざるを得なかった男Bよりも絶対に男Aなのだけど、男Bはどんどん気に病んで、男Aは無傷で五輪無双する。会長職を離れたあの人だって、本来的な意味での反省なんてしないだろう。

石原慎太郎の掌編で、旅先で売春宿に行って、最初は疲れているからと自分だけホテルに戻るんだけど、おめおめ出てきた自分に腹が立ち、決心して再び女を買いに出る、という話がある。「決心してホテルからまた抜け出したお陰で、その夜から始まった私のチリの旅が極めて印象のいいものだったということはいうまでもない」。その男が、「馬鹿な遠慮」を後から気に病むことはあっても、女を買ったことをウジウジ気に病むことはないのだろうし、もはやそのようであってくれたら、私はやっぱりバカな女子高生のまま、精子の染み付いた万札を胸に挟み、こいつらとわかり合うユートピアなど夢見ず、自分勝手な文脈を勝手に生きる。BGMをシナトラのマイ・ウェイに変えて、しばらく慎太郎の本を読んでいた。

プレイリスト

◆Cream

「お菓子系」と呼ばれ、かつてブルセラ系とも呼ばれた、制服の少女たちの、ヌードではないものの思いっきり性的にしか消費されない感じの姿が載ってるジャンルの代表格の雑誌。1992年創刊なんだが、実はかつては「egg」と同じミリオン出版の発行だった。

◆ワンダーウーマン

不自然に強い女性がヒーローとなって思いっきり活躍するアメコミで、20

17年に本格的に実写映画化され、最近続編も作られた。2017年版は、女ヒーローの完璧すぎる活躍だけでなく、男の自己犠牲精神がドシンと座った、なんとも言えない作品である。

参考文献

＊石原慎太郎『太陽の季節』1956年、新潮社
＊石原慎太郎『わが人生の時の時』1990年、新潮社
＊ジョーン・スミス著、鈴木晶訳『男はみんな女が嫌い』1991年、筑摩書房
＊田中俊之『男がつらいよ　絶望の時代の希望の男性学』2015年、KADOKAWA
＊田中俊之『〈40男〉はなぜ嫌われるか』2015年、イースト新書
＊斎藤美奈子『ニッポン沈没』2015年、筑摩書房
＊清田隆之『よかれと思ってやったのに　男たちの「失敗学入門」』2019年、晶文社
＊清田隆之『さよなら、俺たち』2020年、スタンド・ブックス
＊坂爪真吾『「許せない」がやめられない　SNSで蔓延する「#怒りの快楽」依存症』2020年、徳間書店

たのしく たのしく かわいくね

小室哲哉

つんく♂

人生が楽しくなるのって大体15歳からだと決まっているので、お酒もタバコもセックスも知る前の、小学校高学年から中学に入るくらいの年頃の児童たちにとって、震えるほどの楽しみというと基本的には視線の先のステージの上や画面の中にしかない。

ということで、そういう半分フィクショナルな事象を牽引《けんいん》する歌番組やライブというのは結構重要な意味を持つ。インターネットで自分の欲しい情報が簡単にとれる今の時代の子供も楽しいだろうが、限られた情報源からみんなが同じ情報を取っていた時代も結構楽しかった。学校の教科書に載っていた「赤い実はじけた」「ちいちゃんのかげおくり」は多くの国民の共通の思い出だが、それと同じかさらに上をいくくらい「宇多田ヒカルが初出演したときのMステ」「HEY!HEY!HEY!の松山千春」みたいな共通の思い出があるわけで。

そんな意味で、同世代なら多くの人が見ていたであろう１９９５年のミュージックステーションスーパーライブは、有賀《ありが》さつきとアナウンサーを交代する直前のまだ新人だった下平《しもひら》さやかが「このあとすぐ」の掛け声を発したあと、安室奈美恵とEAST END×YURIで賑やかに幕を開けた。L⇕Rとかフィールドオブビューとか90年代のJ－POPを彩り90年代のJ－POP以外はそんなに彩っていない神たちのほか、工藤静香《くどうしずか》があんまり誰も知らない名曲「7」を歌ったこととか、中森明菜《なかもりあきな》が昭和感しかないオレンジのスーツで登場し、「Tokyo Rose」と曲名も昭和感しかない歌を披露したこととか、スピッツが年末の音楽特番に姿を現した貴重さとか、6人時代のSMAPが中継でドラマ「人生は上々だ」の主題歌を歌ったとか、見るからに酒気帯びで登場した米米《こめこめ》CLUBが途中で演奏をやめてものすごくエッチな「露骨にルンバ」を歌い出したとか、スポットCMでブレイク直前の相川七瀬のデビュー曲が流れたとかいうおまけまでついて、多くの伝説を残した。

そして、そんな年末の大舞台のオープニングで、大量のゲストが次々にステージ上の大階段を降りて登場する中、どんな手を使っても誤魔化しきれない感じでド派手に転んだ人がいた。全ゲストの中で最後から二組目に登場したglobeのメンバーであり、他の出演者であったｔｒｆ（現ＴＲＦ）や安室奈美恵のプロデュースも手掛けていた小室哲哉である。

ゲスト登場のアナウンスをしていた有賀さつきが思わず「小室哲哉さん、大丈夫ですか」

と声をかけると、ご本人とても照れ臭そうにはにかんで「ごめんな、さーい」なんて可愛く返す。95年の音楽シーンのほぼ絶対の主役と言えたプロデューサーは、大観衆の前で尻餅《しりもち》をつくような迂闊さでもって、単にイケてるとか納税額がすごいとか多忙とか曲が最高とかいうだけでなく、カワイイという万能な評価まで手に入れていた。要するに、大変な愛されキャラだった。

昭和天皇《しょうわてんのう》崩御の際に、皇居前の少女たちに共感的に芽生えた天皇への印象を「かわいい」と表現したのは大塚英志《おおつかえいじ》だが、週刊誌報道を受けて開いた記者会見で、音楽活動からの引退を表明したTKを目の当たりにした私たち元小室ファミリー信者の感覚は、それに通ずるものがあった。そして彼の姿を見て、孤独や疎外感に共感し、よくわからない何かに怒り、時代のスピードが怖くなった私たちの感覚は、かつて小室ファミリーの曲を聴いてパフォーマンスを見て得た感覚と対極にある。

95年に年末特番にかじりついていた私たちの多くが感じていたのは、圧倒的な退屈とちょっとした不満や不完全燃焼感、そして焦りだった。「なんか楽しいことないかな」と「このまま終わりたくない」の狭間で、踊れ踊れの合図に素直に従って、踊らされていることなど百も千も承知で踊りまくった。

バブル経済なんかに散々裏切られたのに、よく手放しで踊らされたものだと思うが、踊らされて後悔することへの尻込みより「このチャンスだけ逃したくないよ」な気分が上回る、そんな時代だったように思う。みんな今ほど現実的ではなかったし、みんな今ほど閉塞感がなかった。そして何より、踊れの合図の中心にいるおじさんは、無垢で、迂闊で、無邪気な天才、そしてどこか可愛い人だった。

　彼がもっとしたたかで自覚的でスマートな人だったら、あるいは私たちはその踊りの渦の中心に飲み込まれることを尻込みしたのかもしれなかったが、彼のチャーミングさはその躊躇《ちゅうちょ》を一瞬で無効にした。マドンナかビヨンセのような安室ちゃんや、プリティウーマンかマイ・フェア・レディのような朋《とも》ちゃんというロールモデルを具体的に作り上げた孤高の天才のその無邪気さは、詐欺事件のような形に帰結し、それでも、私たちはバブルに裏切られたような喪失感に陥るのではなく、通帳に入っている金額が記載されないほど高額になっていくら持っているのかわからなくなっていた、なんていう話のほうを信じ、彼の無垢さはある意味で汚されずに保存された。そして引退会見で俯《うつむ》き加減に弱さを露呈したとき、まさにその「かわいさ」が絶頂に達し、守るべき存在としての彼の姿は永久保存版となる。「かわいい」天皇に始まったプチ・ナショナリズムがのちに暴徒と化したように、「かわいい」小室さんに始まったこの感情も、おそらくそれなりの攻撃性を持って成長するような気もするけど。

　ちなみに、ＴＫがズッコケた95年のＭステ特番で、最も派手な衣装を着て、最も派手なパフォーマンスをして、3曲メドレー中に3回も自分の股間を揉む仕草をして見せたのは、後のモー娘。プロデューサーで、当時はシャ乱Qボーカルのつんく♂であった。計算では全くできない尻餅とは全く無縁の、サービス精神としたたかさに溢れる彼は、モーニング娘《むすめ》。のメンバーをそれぞれジャンル分けして本で評するなど、惜しみなく手の内を明かし、資本主義的な気遣いを晒して名プロデューサーとなった。

声帯摘出を経て近畿大の入学式で声のないスピーチを披露したかつてのカリスマエンターテイナーの姿は、詐欺事件後の姿や引退会見の「かわいい」ＴＫとは実に真逆の方法で、私たちの感情を揺さぶった。ツッコミどころがあるようでない、笑っているようで笑っていない、迂闊なようで計算されつくした姿勢は、実はシャ乱Q時代から一貫して彼の持つものであった。プロデューサーとして彼の作り上げる世界観が、社会現象的ではあるものの、巻き込まれるのがあくまで局所的なファンであって、実は全然「みんなも社長さんも」踊らされているわけではないのは、彼にあるのが無邪気さではなく野望だからなのかもしれない。

どうでもいい話だが、『おじさんメモリアル』という本を出し、またこの本の元となった「ニッポンのおじさん」の連載を始めてから、各所で「おじさん」についてコメントすることが増えたのだが、諸々悪口を求められた後に、「でもおじさんってなんか可愛らしいですよね」なんていう結論を強引に持ってこられることが結構ある。言っておくけど、おじさんは基本的に可愛くない。臭いし、下品だし、偉そうで、勘違いで、イライラする。可愛いのはいつだって、いい匂いで、上品で、謙虚で、内股の女の子のほうだ。

おじさんへの可愛いなんていう評価は、極限までそのカリスマ性を引き出され、その上で無邪気さを失わないような、それこそ昭和天皇かＴＫレベルになって初めて似つかわしくなるものであって、カリスマ性もお金もないパンピーおじさんが、可愛さによって罪を免れることなどないし、実は「かわいい」なんて評されることはとても孤独で怖いことなんだと、自覚して欲しいですね、可愛くない普通のおじさんたちよ。

プレイリスト

◆シャ乱Q

95、96年にミリオンヒットを飛ばした大阪ちっくで程よく下品なバンド。つんく♂のその後のプロデュース業は誰もが知るところだが、私の世代は意外とギター担当であったはたけが工藤静香に提供した曲「Blue Velvet」が好き。はたけは料理に凝っているのか、クックパッドにページを持っている。ちなみに私はシャ乱Qの曲では「空を見なよ」が一番好きで、カラオケでよく歌うんだけど、あんまり誰も共感してくれない。いい曲だよ。

◆有賀さつき

２０１８年に早世したアナウンサー。元々ＣＸのアナウンサーで、フリー転身後に局アナじゃないのにテレ朝の「ミュージックステーション」のタモリさんの横を務めた稀有な存在。歴代のMステ女子アナで一番綺麗な人。

参考文献

＊つんく『LOVE論　あなたのいいトコ探します』2000年、新潮社
＊大塚英志『少女たちの「かわいい」天皇　サブカルチャー天皇論』2003年、角川文庫
＊小熊英二、上野陽子『〈癒し〉のナショナリズム　草の根保守運動の実証研究』2003年、慶應義塾大学出版会

なんとなく、クルッテル

田中康夫

数年前、日本で珍種の生物が散見される時期があった。大抵、薄くなりかけた頭につながる顔は、現役感というかまだまだ現役でいたい感に溢れ、ポケットにバイアグラ的なものを忍ばせて、それなりに金のかかったスーツからさらに金のかかった時計を覗かせて、西麻布あたりに出現する。名付けて、男はつらいよ寅《とら》さん、ならぬ、#MeTooは怖いよおじさん。

奴らは最初はそれなりにわきまえた態度で近づいてきて、どうでもいい会話をつないで、さりげなく「不倫ねぇ」とか「はあちゅうねぇ」とか「カトリーヌドヌーブねぇ」とかいうワードをチラつかせてくる。そしてそのワードに対するワタクシたちの反応を敏感に感じ取って、奴らの中でGOサインが出た途端、急に自信満々に謎な持論を展開してくる。

持論といっても話し方や語尾が変わるだけで、内容はほぼ同じ。最近のニッポンは不倫に厳しすぎる。セクハラにも厳しすぎる。男女の駆け引きなんていうのはもっと色っぽいものだ。わざわざギスギスさせるような#MeToo運動は間違っている。てゆーかビクビクしないでセックスしたい！　てゆーかちょっと前の日本みたいに、なんだかんだおじさんを中心に世界が回って欲しい！　てゆーかそうじゃなければ頑張って生きてきた甲斐がない！

というわけで最近の私の趣味は、おじさんがチラつかせてくるワードに絶妙な反応をしておじさんたちを泳がせ、陳腐な持論、言い換えれば無邪気な本音を嬉しそうに垂れ流しにしてニコニコしだす彼らをつまみに酒を飲むことだったりする。別に、泳がせて、なんなら乳の一つでも揉ませて、あとで#MeTooというロゴ入りの剣で刺すほど性格は歪んでないけど、正論は正論だけに正しい分つまらないし、無邪気な本音はアホらしいし間違ってるし楽しい。

そんな私は別に部下に業界特有の俺様風吹かせてセクなハラをはたらいている男にも興味はないが、無菌室みたいなおしゃれなカフェにておちょぼ口で正しいことしか言わない若者にもそんなに興味がなく、堂々と自信満々で偉そうな人が好きだったりもする。偉そうな男に脱げとか自分で触れと言われておずおずと手を動かすのもいいが、偉そうな本に「愚民にはわからないだろうが」と見事な切り口を見せつけられるのも捨て難い。だから私はセックスでは言葉責めが好きだし、本では註釈《ちゆうしやく》が好きだ。

註釈というのはよく言えば親切、しかしはっきり言えば究極の上から目線によって成立する。本文を書き、書いている俺クラスの人間にはわかることだが、それ以下の人間にはわからないだろうから説明しよう。この固有名詞はこんな実態のものを指し、こういった意味を持つ、というふうに。

『なんとなく、クリスタル』が発表された当時、一橋大学の学生によって紡がれた作品を、江《え》藤《とう》淳《じゅん》以外の偉いおじさんたちが軽視した理由は、高橋源一郎《たかはしげんいちろう》をして、もはやマルクス資本論と言わしめたような、同作の持つ文学それ自体に対する鋭い批評性に恐れおののいたからだったかもしれない。ただ、私が考えるにそこまで自覚的ではない多くの民衆が愛しながらも拒絶したのは、442個（プラス出生率データ）にのぼる註に、なんとなく、バカにされた気がしたからであるような気がする。当然、そこにがっつりとほだされた私のような変態も大量にいたわけだけど（余談な上に私ごとだが、私は「なんクリ」から受けた影響を素直に踏襲してエッセイには多量の脚注をつけていたのだけど、何かのレビューに「田中康夫系」って書かれて悔しかったので最近は抑制している。私は住所を晒し、部屋をガラス張りにして私生活を丸裸にしたりしないが、性行為を晒し、カメラ越しに丸裸になっていたのでそんな親近感もちょっとある）。

　本文よりも註の方にボリュームと面白みがある極めて特異な小説である同作はその註の中で、上から、軽やかに、そして暴力的に大量の情報と批評を投げかけてくる。例えば註の3

45番目、英国の詩人である「T・S・エリオット」の項目は「女子大生は、英語の授業でエリオットを購読すると、まだ恋人もいなかった一年生の四月を思い出して、April was (is) the cruellest month. と、つぶやきます」なんていう風に。

多くの読者の記憶に残っているであろう1番目の註は「ターン・テーブル」。その註の内容は、「プレーヤーのうち、レコードを載せる部分。甲斐バンドやチューリップのドーナツ盤ばかり載せていると、プレーヤーが泣きます」。401番目の「ビリー・ジョエル」は「ニューヨークの松山千春」、319番目の「モデル」は「たいした顔でもないのに、自己顕示欲のかたまりで、モデルをやっている女子大生もいます」。

著者である田中康夫は、若さと知性でもってその時代の空気や固有名詞を一寸違《たが》わず把握する力を見せながら、その空気感の中からではなく、上から、時代がものや名前に持たせる意味を言語化し、切り取ってみせた。それは他を寄せ付けないほど見事で、ちょうど10年後に岡崎京子が発表する『東京ガールズブラボー』でありありと描かれるような、80年代のスカスカに空虚な時代の中にある尖った記号たちの戯れを指摘し、また豊かさのその後に訪れる厳しさも言い当てた。

果たして、田中が先見していたような時代の流れは確実に起き、そしてそれは政治家としてのお勤めを経て記された『33年後のなんとなく、クリスタル』で実質的に完成する。浅田《あさだ》彰《あきら》や菊地《きくち》成孔《なるよし》がプルーストの名を出して称賛した同作は、なんクリそれ自体に負けないほどの量の註が付けられているものの、註の書かれる箇所は巻末にまとめられていて、かつて本文を凌駕《りょうが》するように見開きページの左側全てに置かれた状態に比べると随分と控えめだ。

註の内容も、政治家として発言する田中がこだわりを持つような箇所に持論が展開されているものの、なんクリに比べて安定した文体で随分親切で客観性が高く、情報の提供に徹するような印象を放つ。私はそこにこそ時代の経過と、人間の老いと、残酷な空気感を感じたりもする。なんクリの註は、時代の空気感を一寸違わず把握している者ならではの自由さと意地悪さと見識に満ちていたのだけど、33年後に60歳手前になっていた著者が、いやいやおじさんにはもうわからないこともあるさ、と謙遜《けんそん》しているような感じもする。

さて、最近ユーチューブなんかで自作の動画をアップしている田中本人が、#MeTooについて言及していたのでちょっと見てみた。違う時代の楽しさを知っている者が２０１８年の閉塞感と窮屈な感じを疎ましく思うのは間違いない。90年代のエキスを絞って飲んだ私ですらそう思う。しかし、今の時代の空気をある程度内在化させて感じ取るのであれば、#MeTooは怖いよおじさんとして生きるのはあまりスマートとも言えない。#MeTooが怖いのはそりゃそうなんだけど、そんな時代への不満をあまりに直接的に、ウィットに富まないやり方で表現すると、ただ単に時代の空気を敵に回して終わる。その姿はかつてテレビ業界でブイブイと言わせた放送作家が、「浮気は午前4時の赤信号」なんて発信してしまう様とあまり変わらない。

そもそも、誰だらけのなんクリで構成の斬新さや全てに意味があるデザインを提示してみせた著者が、ユーチューバー的な文法も所作もガン無視してただただ喋りを垂れ流す動画をアップすることに、私はどうしても老いの虚しさを感じてしまう。あのなんクリの、表面的にはいかにも軽薄なスタイルの中にすべての皮肉と批評を込めた田中康夫はどこいった。YouTubeなんていう極めて振る舞い方に差が出る媒体で、#MeTooとHPVワクチンが怖いよおじさんの仲間入りした姿を晒すくらいなら、大人しく散歩しながら犬のシ〜シする場所を探していたほうがいいんじゃないか。

ちなみに私は、1999年に女子高生となり、その時代の空気を間違いなく把握していた自負があるが、37歳のおばさんになった今、世界はすでによくわからないもので溢れている。それでも時代の閉塞感やつまらなさを声に出さずにはいられないし、酔っ払うと不倫報道にもセクハラ運動にもちょっとしたヤジを飛ばしたくなる。あれ？　キャー危険。私ってやっぱり康夫系？

おじさんの振り見て我が振り直せ。似合わないピンヒールに似合わないブランド品をぶら下げて歩いていた20歳の私もそれはそれは滑稽だけど、老いていくということはなんて滑稽なことなのだろう、と、駅のホームから飛び降りたりはしないけど、駅の階段からちょっと転げ落ちるくらいはしたくなった。

プレイリスト

◆**カトリーヌ・ドヌーブ**

1943年フランス生まれの大女優。代表作はなんと言っても「シェルブールの雨傘」でしょう。ハリウッドでの#MeToo運動が盛り上がる中、空気読まずに「口説く自由」を力説したところ、大炎上して謝罪した。しかしさすがフランス人というかさすがおばあさんというか。なんだか脚注が田中康夫みたいな口調になってしまいましたよ。

◆**プルースト**

去年デートしていたラテン男がなぜか急にプルーストのあの全7篇と死ぬほど長い「失われた時を求めて」を突如として読み出したせいで、私までちょっとプルーストに詳しくなった。ただ、そもそも難解でよくわからない内容を、死ぬほどスペイン訛りの英語で話す男から聞いているので、多分私は理解していない。マドレーヌを食べてていきなり記憶が呼び覚まされたという、元々知っている逸話だけは確実に聞き取れた。

＊田中康夫『なんとなく、クリスタル』1983年、河出文庫
＊岡崎京子『東京ガールズブラボー』(上下巻) 1992年、JICC出版局

参考文献

＊大江健三郎『さようなら、私の本よ！』２００５年、講談社
＊菊地成孔『歌舞伎町のミッドナイト・フットボール　世界の9年間と、新宿コマ劇場裏の6日間』２０１０年、小学館文庫
＊岡崎京子『くちびるから散弾銃』２０１２年、KCデラックス
＊高橋源一郎『「あの戦争」から「この戦争」へ　ニッポンの小説3』２０１４年、文藝春秋
＊田中康夫『33年後のなんとなく、クリスタル』２０１４年、河出書房新社
＊すずきB『浮気とは「午前4時の赤信号」である。　幸せな結婚と恋愛のリアル法則』２０１６年、ワニプラス

木曜日のタロウ

山本太郎

キングダム

土曜の夜と金曜のあなたを独占するみたいな目眩く生活を送っていないので、1週間で唯一の楽しみは木曜日にいそいそとヤンジャンを買って『キングダム』と『ゴールデンカムイ』を読む、あの30分にも満たない時間だけなのだけど、でもそれだけでも1週間は生きるに値するものだと私は思っている。元ポルノ女優なんて若くして死ぬ人が多いのだけど、私はキングダムが完結するまでは血反吐を吐いても生きようと思っているからね。

だから先月初めに642話で新章が開幕するまでの休載期間1ヶ月は寂しくて、漫画の代わりに掲載されていた特集のキングダム公式問題集とか、「戦国七雄の作り方」講座とかを読みながら酒を飲み、行きずりの女を抱いてやり過ごした。そして特集第3弾はキングダム総選挙（好きなキャラクターランキング）の結果発表なのであった。

この種の選挙は少年誌では結構頻繁に開催されて、テニプリとかキャプ翼とか同人BLなどが盛んで腐女子人気が高いものは選挙結果も荒れ模様となるのが楽しいのだけど、さすが武将や隊員など名前のあるキャラクターがたくさん出てくるキングダム選挙は実に190位までイラスト付きで紹介されている。1位羌瘣《きょうかい》、2位王騎《おうき》、3位信《しん》。私の好きな順で他も紹介すると、王賁《おうほん》は11位、亜光《あこう》は32位、昌平君《しょうへいくん》は9位、亜花錦《あかきん》は16位、桓騎《かんき》が6位、バジオウが10位、セイキョウとヒョウコウは正しい漢字を出すのに一生かかりそうだから省略。私は凡庸な人間だが、男の趣味に関しては変哲が多くもあるので、大体どの漫画のキャラ投票も似たように微妙な結果に一票投じている。ので、これは何もおかしくはないが、信が3位なのは結構おかしい。

キングダムは実に多面的な作品である。女性の武将の活躍はワンダーウーマンなんかより凜々《りり》しく、軍や国の文化や民族の多様性があり、武将のキャラクターは政治家や経営者の標本集にも見えるし、中華統一の是非や亡国の危機はまさに国家論、軍の成立は組織論、細かなエピソードは全てマイケル・サンデル並の高度な正義論でもあり、ど真ん中のヒーロー成り上がり物語でもある。

総選挙でも女武将が人気1位であるように軍のトップには女性も多く、女性活躍の時代としては非常にポリティカリーコレクトだし、出身民族が違っても力あるものは認められていく様も理想的ではある。かといって男女の不均衡や民族の不均衡がないわけではもちろんなく、そのバランスが奇妙に現代社会のバランスと似ている部分がある。トップの武将や剣士などであればそこは男女の別なく実力主義であり、しかし平場の兵士たちは100%男性、彼らの妻や子供は村で力なく大黒柱の帰りを待つ。さらに、実権的トップは女性であっても王はみんな男であり、後宮では女たちの女の戦いが繰り広げられる。これは一部のエリートに限っては女性活躍が目覚ましいが、本当にトップへの「鉄の天井」はいまだ破られず、また平場の男女には根強く不均衡がある現代社会の実態と課題に結構重なる。

つまり、キングダムを知り、キングダムの限界を知ることは世界を知り、社会の限界を知ることだ。と、少なくとも家でゴロゴロ漫画読んでる私は半分本気で思っていて、そして総選挙の結果、李《り》信となる信が第3位なことも一考の余地があり、これを知ることは男について知ることでもあると、そこまでは思っていないけど、やはりちょっと思っている。というか、山本太郎《やまもとたろう》の演説ビデオを観ていてさっき思った。

これくらい主人公がはっきりしているような漫画で、主人公が1位でも2位でもなく3位というのは珍しい。葬式まで開かれた力石徹《りきいしとおる》とか、やがて主役映画ができたジョーカーとか、強烈に人気のサブキャラみたいなものは昔からいるが、だとしたら2位だし、そもそも魅力ある好敵とか宿敵とかじゃなくて、自分のところの部隊の副長が1位だし、2位は序盤で死んだ師匠だし、やっぱり3位は結構微妙だ。

物語の主人公である信は、例えば『鬼滅の刃』の炭治郎とは対極にある。共に殺戮《さつりく》と暴力を生業とするが、炭治郎の動機が徹底的に人のため（妹を救うため）であるのに対して、信は子供の頃に夢見た天下の大将軍になるためであり、それは当初の動機を超えてどんな死地でも、基本的に彼の中にあるのは自分の夢である。また、炭治郎が家族を惨殺されて妹を鬼にされるという不幸なくしては殺戮や暴力などできればしたくないという人柄なのに対し、信は頼まれてもないのに幼少期からチャンバラに明け暮れ、勇んで戦場に入っていく。炭治郎がちょっとした疑問で頭を働かせ、人の話をよく聞いて成長していくのに対し、信は猪突猛進で頭脳戦は全く苦手、大声で主張しては間違い、人の話や注意を本当に聞かない。

武力は圧倒的だが、策士的なところがないので優秀な女性軍師を伴っていて、また戦いの理由については彼と一応一蓮托生《いちれんたくしょう》の友である秦王嬴政《しんえいせい》が一人で背負っている。ちなみに人気1位の羌瘣は軍の頭脳となるほど賢く、信に命を分け与えるような自己犠牲的なところもあり、王騎は正しく戦の何たるかを理解する武人である。3位の信だけがひたすら無邪気で頑固、悪く言えばバカで、独善的で、深いことは考えず、思い込みが激しく、状況への理解をせずに声だけ大きい。とにかく冷静さに欠き、暑苦しく、面倒臭い。正義感はあるが、正義のぶつかり合いでは他者への尊重がない。ひたすら手柄を欲しがり、ライバルの出世を憎み、俺が俺がと前に出る。私は太田光《おおたひかり》が言うところの「照れ」や「違和感」を愛する男が好きだから、こんなに真っ直ぐな正義感にまみれた信は、弟だったら納屋に閉じ込める。ここまで書いてみると3位でも上位すぎる気がしてきたけど、実際、私の周囲のキングダム読者で「信が好き」と言っていたのは前に対談したビリギャル小林《こばやし》さやかちゃんただ一人だった。

しかし漫画の中で信は隊員たちに熱狂的に好かれる武将となり、自らが先頭を走る時その軍は化け物のように強くなる。確かに武力は圧倒的なのだけど、一応キングダムも大人の漫画なので、ひたすら筋力と腕力があるというだけでは将軍にはなれないということになっている。その中で人を惹きつけ、将軍になっていくに足る理由として、本編ではいくつか彼の魅力が断片的に描かれる。

まず第一に、仲間意識が強い。羌瘣が一度隊を離れるときには無事の帰還を祈りつつ「どんだけ離れようとお前の小っせェ背中俺達がガッチリ支えてるからな」と快く送り出し、女軍師が捕虜となった際には「俺は何もせずにテンを見殺しにするような真似は絶対に出来ねェ」と助けるための策を練る。

第二に頼り甲斐がある。亡国の危機となる函谷関《かんこくかん》の戦いで敵に背を打たれていたヒョウコウ軍に「この飛信隊信につかまって奮い立ちやがれ」と士気をつなぎとめるし、黒羊《こくよう》の戦いでは敵陣に切り込んで行く際には「苦しいんなら俺の背を見て戦え」とボロボロの隊員を奮い立たせ、列尾城を攻め落としたとき、古参の隊員の松左《しょうさ》は「とにかく戦場じゃァ誰よりもかっこいいんだよなー」とぼやく。

第三に庶民的であり、庶民の味方である。下僕出身の彼は「上も下もない」と隊の中での上下関係や差別を嫌い、女も山民族も大工や農民出身の兵士も分け隔てなく扱う。そして兵士は殺すが一般の農民や町民を殺すことを極端に嫌う。

さらにもう一つ、彼が優れたリーダーに足る条件として度々描写されるのが、スピーチのうまさである。三百人将から臨時で千人将になった際、１０００人になった隊員の心を打ち士気をあげるスピーチを、彼は難なくやり遂げ、そこでこんなナレーションが入る。「優れた武将の要素の一つに声がある」「そして信の声は不思議とよく通った。聞き手には信の声を通してその情熱がひしひしと伝わっていた」。その後も、中華統一に向けた大一番の朱海《しゅかい》平原《へいげん》の戦いでは、スピーチ一つで隊を覚醒させ、昨日の数倍強い隊へと変貌させてしまう。彼が話し出したとき、隊員たちは腹の底から賛同の声をあげる。

日本の政治家のスピーチの不味《まず》さは何度となく指摘されてきた通りである。別に米国の大統領選キャンペーンのように、ＰＲ会社と優れた作家と候補のスピーチパフォーマンスの巧《うま》さばかりが目立つものがいいとも思わないし、阿吽《あうん》の呼吸を信条とするこの国の文化を全否定するわけでもないが、少なくともコロナ禍での首相や都知事のスピーチに「心を打たれ」「士気を上げた」人はこの世にはいない（涼美調べ）。選挙演説にしても、心を打つどころか聞くに堪えるものはごくごく一部。沿道から「オー」とか「ワー」とかうねるような大声が上がるのは共産党くらいで、それもまたスピーチに心打たれたというより合いの手も練習済みという組織力のような気がする。飛信隊とは随分違う。

さてしかし、ここのところ再び路上での演説をよく見かけるようになった山本太郎の声はよく通る。そして沿道からは組織のものではない人から「やれー」「頑張れー」と声が上がる。実にスピーチがうまい政治家が登場したと思う。そして二世でもなければ地盤を受け継いだわけでも松下政経塾出身でもない彼は、下僕出身の信同様、庶民の味方である。弱いものにしわ寄せが来るのを極端に嫌い、学がないことを臆面もなくさらけ出し、庶民の一人として庶民の味方となる。共産党や立憲民主党の政治家も弱く貧しい者の味方に立って話すが、本人が東大エリートだったり弁護士だったりするので庶民ではない。さらに太郎は演説中にも聞いている通行人たちに直接話しかけ、一体感を大事にする「仲間好き」であり、先の参院選では身体に不自由がある二人を当選させるなど頼りがいもある。そして隊員（党員）の構成は実に多様性。

信の良いところが重なれば悪いところも重なる。新選組なんて名前を掲げちゃうセンスは、明らかに戦好きだし、声はでかいし、原発政策や憲法観を聞けば思い込みが激しく、戦うにあたって実に暑苦しい。目標に向かって進む力は強いが、世の侘《わ》び寂《さ》びや複雑さはスキップしがちで、学や文を愛さないし、敵を見出してはやや安易なポピュリズムに走りやすい。私はこと憲法についての彼の発言には何の魅力も感じないし、やはり「違和感」を愛する太田光の9条観「その存在を面白く感じている」「日本の常識は世界の非常識って、それのどこがダメなんだよ」の方が二倍も三倍も感じ入るところがある。

この暑苦しさ、キングダム総選挙では3位と健闘はしたが、唯一人に選ばれはしなかった。ネット空間やツイッター文化の中で、安易な正義感を振るう人が増えたと言われて久しいが、それほど民の全てが単純化しているわけではないように思う。暑苦しい正義で士気を上げさせるよりも、周囲に目を配り、鬼の正義にも耳を傾ける炭治郎を人は選ぶ。

しかし、信と1位の羌瘣は同じ隊の長と副長なんである。ついでに12位の河了貂《かりょうてん》は隊の指揮官、そして8位の嬴政は信とともに中華統一を目指す王でもある。この票を足し、28位の松左、30位の楚水《そすい》、41位の渕《えん》さんなど隊員の票も含めばもう信派の力は揺るぎないものとなる。

よって私は暑い中魅惑のスピーチを続ける暑苦しい40代のおじさんに敬意を評しつつ、その暑苦しさは制御する羌瘣、河了貂、嬴政なしで受け入れられることはないように思っている。人が安易な正義を欲しがり、だから現政権が何枚か重ねて紐をつけた不思議な綿の切れ端を配るほどまで続いているのだというのは半分本当だろうけど、この蒸し暑いニッポンの夏、暑苦しい正義を制御装置なしに解き放つには躊躇する人が多いのも事実。戦人である太郎はきっと悪い世界をぶち壊して、多くの人に平等な機会を与えるところまではガンガン矛を振るうだろうけど、白くなった世界に新しい絵を描くのはたぶん、羌瘣や河了貂や嬴政である。

プレイリスト

◆ゴールデン・カムイ

2014年からヤンジャンで連載中の明治末期を舞台にした奇妙な漫画。アイヌが隠していたとされる金塊を探し求めて、敵や味方グループがそれを目指すという点では冒険ものなのだけど、とにかく敵味方が結構頻繁に変わるし、人物設定が芸術的に凝っているので、連載で読んでいるだけでは毎回何人か「誰だっけ」な人が登場する。コミックも揃えるのがおすすめ。主人公の一人であるアイヌの少女の作るアイヌ料理の描写が印象的だが、真似してその辺の肉をやたらめったら生で食べるのはあんまりおすすめしない。北海道と違って東京は暑いし。

◆王賁

キングダムの主要登場人物の一人で涼美の推し。良家に生まれ、正式な武術をしっかり勉強したサラブレッドという点で主人公の信とは対極的なキャラクター。当然ただの苦労知らずのお坊ちゃんであるわけでもなく、良家に生

プレイリスト

まれたからこその苦悩があり、母の秘密など生まれに複雑さや影もある。私はこういう影のあるエリートが好きだ。周囲にいないからかな。ちなみに歴史的には最後に信たちとともに大失敗したことになっているけど、キングダムは史実を知っていても知らなくても、楽しめる。ちなみに私も史実はそのくらいしか知らない。そもそも、春秋戦国時代、戦国七雄というキングダムの舞台は、三国志と違って今まであまりこういったメジャーな作品に描かれていないので、多くの人が勉強になってるはずと思う半面、日本人のその辺りの知識は今後、キングダムが真実、ということになっていくんだろうなとも思う。

参考文献

＊太田光・中沢新一『憲法九条を世界遺産に』２００６年、集英社新書
＊マイケル・サンデル著、鬼澤忍訳『これからの「正義」の話をしよう　いまを生き延びるための哲学』２０１０年、早川書房
＊太田光『違和感』２０１８年、扶桑社
＊豊田利晃『半分、生きた』２０１９年、ＨｅＨｅ
＊吾峠呼世晴『鬼滅の刃』（全23巻）２０２０年、集英社ジャンプコミックス
＊原泰久『キングダム』（1～60巻）２０２０年、集英社ヤングジャンプコミックス

可愛くってずるくって意気地なしな去り際にカンパイ

安倍晋三

昭和天皇崩御

湾岸戦争のときも地下鉄サリン事件のときも、他局が軒並み緊急特番を放送する中、それでも地球とムーミン村は回っていると言わんばかりにムーミンを放送していたテレビ東京ですら、他局と足を揃えて報道特番を組んだその日。どのチャンネルを捻っても「昭和」の映像が流れるばっかりでつまらないので、5歳だった私は仕方なく夕ご飯を待っている間、ビデオテープでスウェーデンの赤毛ツインテールの少女が馬を持ち上げたり長い靴下を履いたりする映像を観ていたことくらいしか覚えていないが、とにかくその日から遡《さかのぼ》ること3ヶ月、日本はコロナも驚く自粛ムードにあった。

昭和天皇が病に倒れたとき、皇居に「見舞い」に集まった群衆の中にいた10代の女性たちの気分を、当時大塚英志は「聖老人の中に傷つきやすくか弱い自分自身の姿を見ている」と評した。そして「孤独な忘れられた聖老人の姿」を見る彼女たちの「かわいくて、かわいそうだ」という呟きに、それまで大人たちが唱えたことのある天皇観や思想的な天皇の意味に回収され得ない眼差しを発見し、その後サブカルとしてのナショナリズムという新しい論点を発展させていったわけである。

で、カワイイのほうはと言うとその後、ギャル雑誌の名前にもなり、グウェン・ステファニーの歌詞にもなり、クール・ジャパンのスローガン的な感じにもなり、「りぼん」の付録やファンシーグッズからさらに飛躍して大きく世界に羽ばたいたわけだが、そんなカワイイが最近再び身近かつ意外なところで濫用されている。

ウイルス感染拡大による緊急事態宣言が発令され、いよいよみんなが屋内で暇を持て余し出していた東京で、若くカワイイ女子たちの課題は、おうち時間をいかに可愛く快適になるべくポジティブに過ごすかといったことになり、オサレな料理をオサレなフィルターで撮影してインスタにアップするとか、インテリアに凝るとか、エクササイズするとか、そういった解答の一つとして、ジャパニーズ・ポリティカリー・コレクトにおいて常に一歩先ゆく星野源が、SNSにアップした歌の動画が人気だ。星野源がギターを弾きながら「うちで踊ろう」と歌う動画に、自分の自宅でのひとときや曲に合わせて踊る映像などを合体し、みんなが星野源の曲とコラボしながら、ネット空間を飛び回る。ユーチューバーでもない限り、自宅内で動画を撮るなんて面倒そうだが、有り余る時間と虚栄心と星野源愛に支えられ、一気に拡散した。どれくらい拡散したかというと、与党トップでたしか日本のリーダーでもあったような人も、自分の動画とともにアップするくらいに。

「桜を見る会」における公選法違反疑惑がコロナ禍に飲み込まれたはいいが、ダイヤモンドプリンセスの対応のまずさあたりから、支援金交付における決断のブレ、顎《あご》のはみ出たマスク姿、さらにそのマスクを数百億円かけて国民にも配布してくださるという微妙な政策まで、いよいよ政権への不信感が蔓延していた矢先のことだけに、アップ動画には結構辛辣な感想が寄せられた。ポリティカリーにはコレクトな星野源自身も、ポリティシャンによる音楽利用にはかねてから若干懐疑的なことを書いており、今回も「安倍晋三《あべしんぞう》さんから事前連絡や確認は事後も含めて一切ありません」と、端的に言えば「オレ自民党とも政界とも関係ないから」といったメモをインスタにアップしている。

ポピュリズム的な意味で明らかに大衆ウケを狙った投稿が炎上し、当のミュージシャンにも全くありがたがられないどころかちょっと突き放され、コビが空回って目も当てられない、ということで私自身あまり目を当てずにいたのだが、知り合いの雑誌編集から、若い女性の反応が実は今ちょっと面白い流れになっているとネットで話題で、と指摘されて渋々目を当ててみると、ここに来ていわゆるネトウヨとか安倍応援団とか呼ばれる人たちとはまた別の文脈で、安倍応援団が編成されつつあることが私にもわかった。団員は可愛くって若くって政治色のない女性たち、キーワードは「カワイイ」。流れを追っていくと、ティックトックなどで安倍氏の動画をあげて愛でる者もいて、それは憲法改正や反韓などを唱えて何故か安倍氏に心酔するような輩の中で明らかに異色で、大塚英志が皇居前で感じた不思議な少女たちの気分と少し重なる。

第一次安倍政権が参院選惨敗からやや間をあけて、首相の体調不良によって倒れた際、病床にあった昭和天皇に向けられたような眼差しは一切なかった。むしろ私も含めて女性の方が辛辣で、２０１２年の自民党総裁選で安倍氏が再び候補に立った時、たまたま新聞社の選挙班にいた私の周囲には、「女はあの情けない姿で退陣した安倍さんには冷たいね、おじさんたちの方がまだ、もう一回チャンスをあげようってムードになっている」といった声がちらほら聞こえた。

たしかに、退陣時の安倍氏は明らかに顔色が悪く、また選挙大敗の責任をとって勇退という引き際を逃した往生際の悪さも目立って、内閣改造後1ヶ月の辞任は人的、作業的損失も大きく、無責任で頼りない印象が女性たちの「この男に任せたくない」といった拒否感を誘っていた。その結果、器量ではあまり優位にいない石破《いしば》氏に「こっちのがまだマシ」的なまさかの女性票が集まり、たぶん石破氏に人生最大のモテ期が到来していた。が、結果として決選投票は安倍氏が制し、その後の衆院選では二大政党制を夢見た民主党が散りまくり、歴代最長の在職日数を誇る総理大臣が誕生した。

かといって統計不正にモリカケ桜、閣僚の不祥事など、政権を揺るがすはずの風を巧みに操り、盤石な政権運営をしていた際に、彼の応援歌として目立っていたのは前出の、歴史観や憲法観などに賛同する自称保守派や一部の芸人・財界人などで、あとは、自民党が安定して国を運営していてくれるのが日本の運命としてはまだマシかも、という、政権交代絶望組の無党派層が声なき声で容認していたに過ぎない。少なくともＦＤＲやケネディ的な女性人気はなかったし、嫌いだけど麻生さんとは寝れる、嫌いじゃないけど安倍さんとは寝たくない、とかいう声すら結構聞こえた。その頃、カワイイはまだＡＫＢや韓流アイドルやバレンシアガやＹＳＬやせいぜい小池徹平《こいけてっぺい》あたりの手元にあり、永田町にはなかった。

ここへきて、爆発とは言わないまでも一部の女子たちの間でふつふつと湧いている「安倍カワイイ」はなんだろうか。ところでカワイイは一応褒め言葉や少なくとも好意であると思うけれど、どんな性格の言葉だったか。ライオンになくて猫にある。狼になくてチワワにある。ディートリヒになくてヘプバーンにある。上野千鶴子《うえのちづこ》になくて水卜《みうら》アナにある。レザーになくてファーにある。10代にあって40、50代にあんまりないけど80代には結構ある。

かつて内田樹《うちだたつる》は日本がセキュリティ的には甘いのにテロリストの標的になり難いのは、この国が非常に「ラブリー」な国だからだと言った。「日本でテロをするなんて、「赤子の手をひねるよう」で、「テロリスト仲間から村八分にされる」。そして「九条」は外交問題において、「CanCam」の推す「めちゃモテぷっくり唇」のようなものだとも言った。

カワイイは常に無害さを孕む。自分にとって脅威とならず、いざとなれば自分のほうが懐柔できるほどチョロくて、力を持たない存在。時にフェミっけやや強めの女性たちが「可愛い」という評価を嫌うのは、そういったニュアンスを敏感に嗅ぎ取り、馬鹿にされている、見くびられている、力を評価されていないと感じるからだ。

実は語源的に「可愛い」は「かはゆし」(元は「かほはゆし(顔映ゆし)」)が変化した言葉で、もともとの意味は「見るに耐えない」。『徒然草』には「年老い袈裟《けさ》かけたる法師の、小わらはの肩をおさへて聞こえぬ事どもいひつつよろめきたる、いとかはゆし」という節がある。「見ていられない」「いたいたしい」「大事にしてやりたい」から派生して、中世末以降に「いとしい、愛すべきようす」の意味に使われだしたらしいので、フェミっ子たちの拒否感は的を射ている。そして当然この語源は「可哀想」と共通する。「かはゆし」の愛らしさが「可愛い」に、不憫さが「可哀想」に分化したと考えられている。ただし「綺麗」などと比べてカワイイが孕む痛々しさや不憫さは、読み間違えや勘違いなどを指摘するときに「かわいいな」と皮肉る際に見え隠れする。要は愛を込めてバカだと言っていたのである。

戦争を経て象徴天皇制の中で「権力」を持たなくなった昭和天皇が、お隠れになる直前直後に集まった彼女たちの感覚は、おそらくバカだとは言っていなかった。しかし、具体的な権力を持たず、一人で多くのものを象徴した孤独な存在の「無力さ」や「不憫さ」は嗅ぎ取っていたに違いない。

そしてここに来て、かつて大人たちと別文脈で生が散りゆく間近の天皇を見舞った彼女たちと同じような年頃の女性たちが、より軽やかに、小さなマスクの中年をカワイイと指摘し出した。小泉純一郎になく、安倍晋三にある可愛さ。「無力さ」や「不憫さ」や、散りゆく間近の儚さを感じ取っているのか。ついでにバカだとも言っているような気もする。たしかに、安倍氏の人気は、CanCam的なラブリーに依拠したところがあった。12年総裁選のときの特番で、総裁を生徒会長になぞらえて、出馬者を紹介するものがあった。石原氏は「他校ともつながる人脈」、石破氏は「成績優秀」、両方共「無害で」「脅威のない」感じはしないが、安倍氏についたコピーは「人気者」。少女たちのカワイイ安倍さんはその誕生からして、「力」を持つのではなく、「力」を明け渡すラブリーな戦法で生きてきたように思える。

そして、私がこの章を書き終わってしばらくして、安倍政権は再び首相の体調不良によって、選挙で負けることも、様々な疑惑を晴らすこともせずに、「病気」という、批判を一切寄せ付けず、代わりに無垢な少女たちの「かわいそう」「病人いじめるなんて最低」という擁護だけを不用意に寄せ付けまくる理由で消えていった。

ちなみに私がカワイイという語感で思い出すのは、ヒスブルの「君は愛の泥棒セクシー、まつ毛はキューティー、唇はラブリー」という歌詞だ。愛は奪われていないが、税金や統計や招待客名簿は奪われたし、マスクがキューティー、散り際はラブリーであることは間違いない。

プレイリスト

◆CanCam

「ＪＪ」よりも現実的で軽やかな思想の女性たちを形作り、２００６年の最盛期には80万部のメガヒット雑誌になっていった。全盛期はモデル蛯原友里風のファッションを身に纏《まと》った「エビちゃんＯＬ」に代表されるような、女子アナ風のパステルカラーや少し甘めのディティールが特徴的だった。上昇婚志向が強いＪＪ女子大生よりも、広く浅くみんなに好かれる思想があったと言われる。

◆Histeric Blue

ジュディマリのテレビ露出が少ないタイミングで、「春～spring～」とわざわざ翻訳をつけたタイトルの曲がスマッシュヒットした、女性ボーカルのバンド。最近メンバーの一人が二回目のお縄に。

参考文献

＊アストリッド・リンドグレーン著、大塚勇三訳『長くつ下のピッピ』１９６４年、岩波書店
＊宮台真司『終わりなき日常を生きろ』１９９８年、筑摩書房
＊大塚英志『少女たちの「かわいい」天皇　サブカルチャー天皇論』２００３年、角川文庫
＊内田樹『ひとりでは生きられないのも芸のうち』２００８年、文藝春秋
＊星野源『働く男』２０１３年、マガジンハウス
＊トキオ・ナレッジ『正しいブスのほめ方「また会いたい」と思わせる35の社交辞令』２０１３年、宝島社
＊ミシェル・ウエルベック著、大塚桃訳『服従』２０１５年、河出書房新社

モテに火をつけ、白痴になれ

堀江貴文

東大の入試に受かると変な小部屋に連れて行かれて目玉の横から頭の中にスティックを突っ込まれてガチャガチャ脳内をいじられて、弱者にも生きる権利はあるとか、コンプレックスが人を豊かにするとか、負けることで学べることがあるとか、脳内に膿《うみ》のように溜《た》まったそういった寝言を除去された上で二度とそんな負け犬理論に耳を傾けないよう強力な消毒液を注入される、名付けて東大ロボトミーなんていう逸話を、今即席で考えちゃうくらいには、私は東大男が好きである。正確に言うと東大男自体は別に好きじゃないけど、東大男に法則性があるという前提で話をするのが好きで、簡単に言うと東大男の悪口を言うのが好きだ。

最近テレビでも現役の東大生にフィーチャーしたクイズ番組やトーク番組が目立つので、

多分私のような人間は多数派なのだと思う。人は別に誰かを褒め称《たた》えたいから惰性でテレビをつけたりするのではない。誰かの悪口を言うためになんとなく見ていたい。それで、加藤紗里のおっぱいはシリコンだとか、PUFFYは歌が下手だとか、貧困女子高生が貧困じゃないとか言いながら生きている。ただ、高度にポリティカルに発展した世界では、気軽に悪口を言える相手というのはかなり限られる。弱者やマイノリティの悪口は言えないし、微妙なものの悪口を言うとすぐにツイッターで議論が起きるし、ちょっとした悪口が身を滅ぼす失言になりかねない。

だからこそ、私たちは……というか私は盤石なものを求めている。悪口を言っても差別にならない、バカにしても蔑視にならない、貶められて汚れもへこたれも怒りもしないもの。そういう悪口を寄せ付ける懐の深さがあるのは、やはり早稲田でも青学でももちろん日大でもなく東大の男で、こちらがいくら悪口を言っても見下した発言をしても、負け犬の愚民達が何か下界でわちゃわちゃ言っておるわ、と雲の上のデラックススイートで扇子片手に鼻で笑っていそうなところが、またなんとも悪口を言いたくなるところでもあり、悪口を言って許される根拠でもある。

そんな法則に則《のっと》って言うと、姫野《ひめの》カオルコ『彼女は頭が悪いから』はまさにそういう叩いても良いものとしての東大男を叩き、逆説的に東大男の持つ特権的な魅力を最大限生かしたた小説となっていた。同作品は実際にあった現役東大生による暴行事件をモチーフにしたものなのだが、物語の主柱を担う東大の男の子たちについて「つばさは人の情感の機微について考える性質ではない。彼はまっすぐ健やかな秀才なのだ」「そんなことに関心を向けないような時間の使い方をつばさは自分の習性としてきたから東大に合格したのである」「星座研究会のメンバーはみんな優秀な理一出なので、そんな陰影はロースペックの証でしかない」と、軽快に小気味好《よ》く小馬鹿にする。そんな表現は東大男の盤石さあってのものだが、その前提をもってしても言い得て妙である。

東大の男は人の気持ちがわからない、エリート人生爆進中の男は女を人として尊重しない、というようなことはよく言われることで圧倒的に正しくて私も深くアグリーするが、正直、だからと言って亜細亜大の男に人の心の機微がわかるかと言われれば微妙だし、日大の男に女の複雑さがわかるかと言えばそれもまた微妙だし、慶應の男が女を人として尊重するかと言えば別にそうでもない。なんなら国士舘大の男だって集団レイプをするし、綾瀬《あやせ》のヤンキー男だって女子高生をコンクリ詰めにしたりするし、早稲田男だって組織的に輪姦《りんかん》したりする。

では、それでもやっぱり東大の男だからこそ人の気持ちがわからない、と言われる根拠は何か。半分は、東大の悪口なら言いやすいということこの国の傾向に依拠するものだろうが、もう半分はおそらく、彼らに何かが圧倒的に欠如しているからだ。では何が欠如しているか。

コンプレックスではない。挫折《ざせつ》の経験でもない。彼らの多くは鈍足で服がダサくニキビのケアなどに時間を割いていないため、小学校や中学校のバレンタインや体育祭で結構なコンプレックスと挫折を蓄積している。人の悪口と男のネガキャンが死ぬほど好きな私の偏見にまみれた分析によると、彼らにないのは「生きていてごめんなさい」という気持ちである。

学習院や慶應にもそういう「生きていてごめんなさい」なんて微塵も思っていなそうな男は結構いるが、それでも彼らにほんの少しだけどボンボンであるとか受験勉強をしていないとかいう自虐がある反面、東大の男はなまじ紛うことない実力でその地位を得ている(と少なくとも彼らは思っているが、現在親の一切のサポートなしで東大に受かるのはかなり難しいし、そもそも東大生の親の平均収入は大変高い)ため、そういったわずかに残る人間味のようなものもない。そしてこの清々しいほどの「ごめんなさい」感のなさが彼らを一気にモテの道に誘っている。

東大の男はモテる。中高時代、こと色恋関係において全く日の目を見なかったような見た目完全のび太くんであっても、多少脇が臭くても、出っ歯でしゃくれで虚弱体質でも、割とモテる。それは何も、彼らが東大というプラチナカードを得たから、というだけではない。女もそんなにバカじゃないし、東大と同じくらい素敵なカード、例えばお金とか医師免許とかを得てもモテない男は結構いる。だいたい、東大を出ても宗教団体に入ってサリンなんて撒く男だっているし、東大で博士号を取ってもｉＰＳ細胞で移植手術しましたなんていう世紀の大嘘をつく男だっている。とみんなが思っているので、それだけで女が寄ってくると思っているのなら世の非東大男は卑屈すぎる。

モテとは何か。「モテる人の条件ってどんなことだと思います？」という質問をされることがあるが、そして元AV女優だからって男と女の心の機微なんて全く知ったこっちゃないので毎回困るんだけどそれはいいとして、それに対して可愛いとかイケメンとか優しいとか金持ちとかセンスがいいとかそれらしいことを以って説明しようとすると必ず破綻する。モテとはまさに罪悪感の欠如なんである。自分が興味のない相手に惚れられることを、多くの常識的なパンピーは恐縮し、怖がり、なんとなくダメよダメよと匂わせて逃げようとする。しかし、モテる人間というのは、そういった申し訳なさや怖さから自由であり、いくらでも好きなってくれて構わない、と門戸を開いている。

爆発的に売り上げられるキャバクラ嬢というのは、相手の財布や家庭、相手が一線を越えてハマってしまうこと、それに対して自分は何も応える気がないことへの想像を放棄できる特性がある。同じように、多くのモテ男くんは、相手の純情や相手の時間が有限であること、なんなら女は男より激しくシビアなタイムリミットがあること、それに対して自分は大して責任が取れないことなどへの想像を放棄できる特性がある。こうした罪悪感につながる想像力の放棄、もしくは欠如こそがモテの真の姿である。だからこそモテは同性間の好感度と往々にして反比例するし、異性からであっても「モテ」と「好き」は全然違う。簡単にいうとモテる奴はあんまり人間的にいい奴ではない。

漫画化もされた堀江貴文による『多動力』は、ビジネス書としてベストセラーになったらしいが、私から見ると好感度を捨てモテだけに集中するためのモテ指南書の顔も持つ。「経費精算を自分でやるサラリーマンは出世しない」とか「電話をかけてくる人間とは仕事するな」とか「飽きっぽい人ほど成長する」「1晩10軒以上をハシゴしろ」などという同書のアドバイスは、ちょっともじると「めんどくさい家事を自分でやる男はモテない」「電話をかけてくる女とはセックスするな」とか「取っ替え引っ替え女を変える男ほど成長する」「1晩10人以上とデートしろ」となって、なんとなくそれらしくなる。ちなみに私の一番好きな箇所「永遠の3歳児たれ」なんてまさに、男のわがままで子供っぽいところを指していて、なおかつ著者がベッドでおっぱい吸ってるところなんかを彷彿とさせるまさに金言である。

私が新聞記者時代にちょっとだけ付き合ったチャラリーマンは体重が90キロ近くあり、「世界でホリエモンの次にモテるデブ」を自称していたが、彼もまた生きていて申し訳ない、といった気分ゼロで、また特に同性の信頼を得ようとかみんなから深く愛される人格者になろうとかいう気概もゼロの、東大卒のモテ男だった。別にビジネスに興味がなく、粉飾決算して会社を大きくしようとか宇宙開発しようとかいう気がなくとも、モテが必要ならば堀江に習うとよい。私だって彼に誘われたらきっと深く考えずに寝るのだけど、以前一度だけ何かの番組で共演した際に、私は全く誘われず、番組で私の隣に座っていた男の娘AV女優と後日週刊誌に撮られていた。

ちなみに、前出の小説では暴行事件の被害者となった偏差値の低い「水谷女子大」の学生は、示談の条件として加害者の男の子達に東大を自主退学することを提示するのだが、大学院に進んだ後の数人を除いた学部生の男の子とその親はその条件を絶対に受け入れられないものとして拒否し、結果的に起訴されて退学になる。そういった意味でも、多くの東大生がしがみつく東大生というポジションを自ら放棄した堀江はそんなところでもいちいち東大生の極みをいく。

何度も言うが、モテは信頼や好感度とは無縁である。すなわち、幸福とも多分無縁なのだけど、多分楽しさとは無縁ではなく、幸福なんていう難しくて曖昧なものより確実な楽しさが欲しければ、やはりモテの人生は良いものだと思う。

◆加藤紗里

芸人との色恋沙汰で有名になり、それ以外に何を成し遂げたのかは特に知らないが、きっと何かは確実に成し遂げた感じの無敵のスキャンダラス・クイーン。一般男性と結婚して3ヶ月で1億円使わせたら経営が傾いた、とか言

プレイリスト

ってすぐ離婚した。古くは桜庭《さくらば》あつこ的なポジションなんだろうが、何しろスケールも態度もめっちゃデカい。

◆PUFFY

奥田民生プロデュースで、1996年にCDデビューした女性デュオ。二人とも美女で、バッキバキに決めた小室ファミリーの横でだらっと力を抜いて歌う様子やカジュアルな服装が女性のハートをがっちり摑み、すぐにトップスターに。しかも海外でも大変人気で、アニメ化されるほどのアイコンにもなった。ワッフルヘアを作るアイロンがバカ売れしたのは、元々はPUFFYの功績で、直後に安室奈美恵もよくワッフルヘアで登場した。

参考文献

＊和田はつ子『よい子できる子に明日はない　現代優等生気質』1986年、三一書房

＊二村ヒトシ『すべてはモテるためである』2012年、イースト・プレス

＊和田秀樹『「東大に入る子」は5歳で決まる　〝根拠ある自信〟を育てる幼児教育』2017年、小学館

＊堀江貴文（原作）・星井博文（シナリオ）・三輪亮介（作画）『マンガで身につく　多動力』2018年、幻冬舎コミックス

＊姫野カオルコ『彼女は頭が悪いから』2018年、文藝春秋

謝んジャパン

菅義偉
Zeebra

日本を代表するラッパーが公表した、お詫《わ》びと書かれた白い紙は、彼のファンからはヒップホップ精神がないとかライムが欲しかったとか言われてイマイチ評判が良くないらしいが、私は割と嫌いじゃない。どこをとってもこれまで日本のオジサンたちが各所で発表してきた数多の謝罪文のテンプレートを切りはりしたようで、なんとなくラッパーがよくやるサンプリングを全面的にやったような痕跡《こんせき》がある。それに最後の「本当に申し訳ありませんでした」あたりの全く心のこもってない感じが、90年代のギャルがハゲた教頭に呼び出されて仏頂面で「これからはピタッとしたソックス履きます、申し訳ありませんでした」と抑揚と反省がゼロの声明文を出してるみたいな、あるいは「反省してまーす」の一言で心と言葉の不一致を具体的に全国民に示したかのスノーボーダーみたいな、ひねくれた反抗心を感じるし、あらゆることに不寛容になりつつある社会で主張の強いものが生き残るには、お行儀の良いフリをしなきゃいけないときがある。だからここで気の利いたライムや思いっきり中指立てるような声明を出すよりも、むしろこのペラッとした文一枚のほうが、摩擦を一切許容しない社会への分かりにくい批評性があるような、ないような、そんな風に私は感じた。

謝罪というのは日本に生きている限り、日常の一風景からワイドショーやＳＮＳまで、もっとも目にする表現だとはよく指摘されることで、年末になるとニュースショーが今年の謝罪まとめなんて銘打って、自虐ジョークみたいなＶＴＲを作る。日本の伝統芸のようなものなので、頭ごなしに否定するつもりはないけど、謝罪の際にお辞儀をする慣習があるため、一番肝心なタイミングで見えるのは心許《こころもと》ない毛根と艶《つや》のない毛髪だけで、視線も表情も見えないので、連続で見せられてもどうも味気ない。土下座に至っては、顔もハートも下を向いていて、私には防災訓練や飛行機の避難訓練で見られる防御の姿勢にしか見えないのだけど、謝罪しとくのが一番の防御という意味では、そのシニシズムを体現しているとも言える。

パリの郵便局や役所みたいに、不手際を指摘すれば謝られるどころか2秒で逆ギレされるような場所も居心地は悪いが、ごめんを言い過ぎるのも、実際の事実や人の心がどこにあるのか全く靄《もや》の中で見えなくなるという意味ではトリッキーな文化だ。

誰も覚えてないけどなぜか私がいまだにカラオケで歌いがちな今井絵理子《いまいえりこ》のソロ曲で、

「彼女いるの知ってて好きになってごめんね」という歌詞があるのだけど、男のほうが「突然あの日優しく」してきたり、気まぐれで「あの日のキス」をしてきたりするので、「ごめんね」と言うべきなのは普通に男のほうだと思う。要はこの歌は、やり場のない恋心を抱えた女が、謝罪という形で被害者ヅラして自分に酔ってるという状況を歌ってるのだけど、その歌い手が15年以上経ってから、新幹線の中で不倫相手と手を繋いでおいて、「一線を越えてはいけない」と再び狂おしい恋心と戦う謎の名言を残したのは興味深い。

さてしかし、それこそ新幹線の中の喫煙所からテレビや週刊誌の中まで過剰なほど謝罪で溢れたそんな日本で、本当に謝罪して欲しい人だけがなかなか謝罪しないというのもよくある光景ではある。表面上謝罪風の姿勢を見せたとしても、「誤解があったのだとしたら」なんてエクスキューズをつけて、さりげなく責任を誤解した側に転嫁するような人は、特に霞《かすみ》ケ《が》関《せき》から永田町にかけてすごい密度で生息する。

私はZeebraの謝罪文なんかより、そっちのほうが百倍鼻につくのだけど、GoToキャンペーンに関する当時の官房長官、つまり第99代内閣総理大臣の態度は不快というよりもはや不可解だ。もっとも混乱を招いた直前の東京除外について、「大変申し訳ない」と発言したもののの、マジで早口な上に顔はZeebraの数倍斜に構えていて、キャンペーンが感染拡大につながったという指摘はなかったことになっている。側から見れば、石原都政でいうところの新銀行東京みたいな、できれば触れたくない失策に思えるが、推し進めていた本人はむしろ勢いづいている。プチ鹿島《かしま》が文春オンラインで「GoToトラベルキャンペーンって成功してないよね？」と書いていたけど、それがまさに常人の今の気分なのであって、あの実績によってポスト安倍の座を奪ったとは思えないが、彼が失敗したという顔をしたことはない。

令和おじさんの名前で親しまれてはいない菅《すが》首相の出自は、二世やハイソサエティの出身が目立つ現政権の中では地味の部類に入るもので、本人もそのエピソードを巧みに苦労人というキャラクター設定に利用してきた。秋田の農家に生まれ、集団就職で上京した後は工場勤務、法政の夜間に通ってから政治の道を志す。なんか二世に比べて徳が高そうだし、高度成長期を象徴するような来歴は、確かにどことなく庶民の気持ちが分かりそう。

そしてこの、叩き上げのおじさんについて、苦労してきたから庶民や弱者の気持ちが分かりそう、という時の「そう」こそミソだと思う。一般に人は二世や恵まれた環境に生まれた人間が成功することには感動せず、何の地盤もないまま一から築き上げた者の物語にいたく感動する。

しかし、ちょっと歴史の教科書をひっくり返すと、何者としても生まれなかった者が上り詰めた先に、弱者の味方だったことはあんまりない。苦労して地位を築いた者は、その地位を失うことがどのような事態を意味するのかよく知っているが故に、地位や財力に固執しがちな上に、力の使い方について根本的な教養が欠けていることも多いので、豊臣秀吉《とよとみひでよし》にせよホームレス中学生のあの人にせよ、得た権力や財産の使い方をミスることも多い。世襲が良いとは言わないが、持てる権力や財力への執着はどちらかというと叩き上げ系の人に見られる傾向だと思う。

そもそもゼロから頂点を目指すには、人を蹴落とす冷酷さやズルさ、がめつい欲望、過剰な自信がないといけないわけで、それが強烈な魅力になることも多いにあると同時に、本来的な意味で加害性が強い場合もある。ドン・コルレオーネもアル・カポネも（派生したトニー・モンタナも）、何もないところから莫大《ばくだい》な財産と力を手に入れたわけで、だから生涯が映画として成立するほど魅力的だが、身近にいたら本当に避けたい。

そう言えばZeebraは以前、国民的ヒールとして生涯を全うした例の祖父を、ドン・コルレオーネに喩えていた。横井英樹《よこいひでき》は愛知県のボロ屋の次男から丁稚奉公として上京し、17歳で独立して起業、みるみる日本を代表する財界人となり、叩き上げのデモンストレーションのような人生を歩んだ。富を手に入れてからは、ヤクザに腹を撃たれたり歴史に残る百貨店等々の乗っ取り事件を起こしたりしながら、より一層の富を求め、女優顔負けの美貌の秘書を揃え、女優やミスなんちゃらたちを愛人として抱え、やがてそのガメツさは、30人以上の死者を出す大惨事につながる。合同葬儀にボディガードを連れて現れたり、記者の前で周囲に責任をなすりつけるような態度がさらに国民の怒りを買い、小学生だった孫のZeebraがキックベースで「殺人犯の孫だから、アウト！」と罵られるほど、ワルモノと認識された。

横井にある種の魅力があったのはそれはそうだろうし、私もゴッドファーザーやスカーフェイスは好きだけど、苦難や貧困を経験した人が、苦難に対しての想像力があるかと言えば、それは結構微妙で、そこから抜け出した者独特の弱者への嫌悪があることもある。成功者の女性が、いまだ弱い立場にいる女性や専業主婦に露骨な差別感情を持つように、努力で成り上がった者が生活保護者らに過度に冷たくあたるように、自分が抜け出した苦難を抜け出さない者に対して、元から富んでいた者よりも往々にして厳しい。

さらに、慎ましいことこそ清廉潔白と判断されがちな風土の中で、貪欲《どんよく》にお金を稼ぐ者というのはそもそもリスペクトよりは冷笑の対象になってきた。Zeebraに因《ちな》んで、「ドープだぜ」と言い合っている米国のあのジャンルのリリックなど見てみると、露骨に大金摑むような欲望が描かれることはよくあるけれど、清貧・イズ・ビューティフルのこの国で、そのような態度は嫌われる。だからこそ、大金を摑んだ後に大惨事を引き起こした横井の話などは、金の亡者はロクな結末を迎えない、と信じたい者たちによって小気味よく、これほど悪名高き者として語り継がれるのかもしれない。村上《むらかみ》ファンドさんが「金儲《かねもう》け悪いですか？」と発言したVTRが繰り返し流されていたワイドショーや、ホリエモン逮捕に沸いた平成も、その慣例は引き継がれている。どれもヒップホッパーは好きそうな話なのだけど。

令和おじさんは、横井やトニー・モンタナみたいな金と力の亡者という顔はしていないけれど、それは日本の政治家という立場が、ちょうど心のこもっていない謝罪のメソッドと同じように彼に学ばせた処世術かもしれず、どうもGoToや五輪対応などで官房長官時代にチラ見せしていた彼の方向性は、大手資本とのしがらみや私利私欲っぽかったので、あの生真面目そうなロボットフェイスには引き続き疑いの目を向け続けるのが正しいと思う。サラリーマンの昼食の相場も検討がつかないような人たちばかりが政権の座についていても困るし、ゲトーから抜け出した豪傑が弱者の困難を踏みにじっても困るし、東大卒にリーダーシップや創造力が備わっているかと言えば微妙だし、自民党の悪そうなヤツら大体イマイチ。

かつて弱者だったり、何者でもなかった者が力をつけたときに、何の力もない者たちとまるっきり縁を切るのを見るのは、貧困などまるっきり知らない者が、あらお菓子を食べたらいいのに的な精神でダサいマスクを配るのを見るのと同じくらい悲しい。みんな大金持ちになったり整形美人になったりしても、ジェニー・フロム・ザ・ブロックの精神で優しいままでいてほしいものです。チェケラ。

◆Eriko with Crunch

SPEEDのメイン・ボーカルの一人だった今井絵里子のソロプロジェクト。

エリコはわかるがクランチの実態はほとんどの人が当時から知らなかったし

プレイリスト

今も知らない。主な活動はSPEED解散後だが、「冷たくしないで」はSPEEDのシングルのカップリングとして収録されたもの。涼美と同い年。他の1983年生まれは、矢口真里《やぐちまり》と小保方晴子《おぼかたはるこ》と上西小百合《うえにしさゆり》。

◆**ゴッドファーザー**

フランシス・コッポラ監督のマフィア映画の頂点。ただし、3部作と思っている人は2部作と思っていたほうがいい。

◆**スカーフェイス**

アル・パチーノがややクレイジーなキューバ風アクセントで挑んだ、「暗黒街の顔役」の現代版。アル・カポネが、禁酒法時代のイタリア人マフィアではなく、ドラッグ時代のキューバ移民という設定で、名前がトニー・モンタナ。

参考文献

＊マリオ・プーヅォ著、一ノ瀬直二訳『ゴッドファーザー』１９７２年、早川書房
＊田村裕『ホームレス中学生』２００７年、ワニブックス
＊Zeebra『ZEEBRA自伝　HIP HOP LOVE』２００８年、ぴあ
＊増沢隆太『謝罪の作法』２０１４年、ディスカヴァー・トゥエンティワン
＊堀江貴文・井川意高『東大から刑務所へ』２０１７年、幻冬舎新書
＊大下英治『昭和　闇の支配者列伝』（上・下巻）２０１９年、朝日新聞出版

あとがき

カントリー・フォー・オールドメン
〜「ニッポンのおじさん」からこぼれ落ちた者についての覚書

米大統領選のテレビ討論会をスマホ画面でチラ見しながら、秋晴れの表参道《おもてさんどう》でちょっと久しぶりに会う女友達が、「トランプにさ、男から見てちょっとでも羨ましいって思わせるところがあったとしたら、4年前に勝たなかったと思うんだよね、なんて言ったらいいかよくわかんないけど。でも私はだから、ワケがわからないと言われてたあの前髪のワケってわかる気がするんだよ」と言った。私はその話を聞きながら、村上龍《むらかみりゅう》『コインロッカー・ベイビーズ』のアネモネについて思い出していた。作中で、「端で見ていてさ、バカだなと思って憎たらしくてきっと不幸になるぞとわかってても心の底でうらやましくてしょうがない女っているじゃない?」と評されるあの女にあるものを、ドナルド・トランプは意識的に自分の身体から排除しているような気すらする。

トランプが勝利した2016年の米大統領選直後、多くのメディアが「ポリコレの敗北（反動）」というような文言で今後4年間を嘆いた。レイシズムとホモフォビアを長年の大きな課題としてきた米社会がまるで発狂したように、太平洋のこちらからも見えた。そもそも禁酒法なんてものを実際にやってのけるあの大国は、常に極端に振れている印象があるので、初のアフリカ系大統領の後にレイシストを歓喜させる発言がある種のオネスティと捉えられ、一部の、しかし大勢の人にひっそりと歓迎されるのは、歴史的にはそれほどミステリアスな事変ではない。その辺りの経緯は綿野《わたの》恵太《けいた》『「差別はいけない」とみんないうけれど。』（平凡社）に詳しい。

で、敗北なんて煽《あお》られたポリコレのほうはというと、むしろトランプに息を吹き込まれたかのように元気を取り戻し、今まで以上に生命力にあふれ、色鮮やかに咲き誇っている。ハリウッドにおける#MeToo運動も、警官の暴力に端を発した#BLM運動も、大きなうねりとなって、罪深き歴史にはっきりとした否を突きつけた。#OscarsSoWhiteと揶揄された米アカデミーですら、実質的な対策を講じるための舵《かじ》を切った。それは「トランプの功績」ではないが、「トランプ在任期間がもたらした流れ」ではあって、このオジサンについて思うときに、行き詰まるのはそういうところなのである。

そもそも私がポリティカリー・コレクトという言葉に最初に触れたのは、90年代末に始まった米ドラマ「セックス・アンド・ザ・シティ」の中の、veal（仔牛《こうし》の肉）についての会話だった。主人公であるコラムニストのキャリーが、恋人に夢中になりすぎて、女友達との約束を疎《おろそ》かにドタキャンし、電話口で呑気《のんき》に「これから彼が料理してくれるvealを食べるの」と話す。電話の向こうで激昂した親友の弁護士ミランダは、「私との約束よりそのpolitically incorrect meatが大事なのか！」と皮肉り、「Enjoy your veal!」と電話を切る。

仔牛はフォアグラやフカヒレと並んで、道徳的に問題視されてきた食物ではある。しかしこのときのこの場面に、仔牛料理の道徳的な意味での是非を断じるような意味はなく、やや過度に敏感な団体で話題となっているそれを皮肉表現に用いる気楽さがあった。ほんの20年前だけど、時代は変わる。その変化の反動や敗北によって生み落とされたと言われた極めてポリティカリー・インコレクトなオジサンは、むしろそれに大きな前進と小さな、しかしたくさんの勝利をもたらした。それは、単に共通の敵ができたことで強まる結束、という単純かつ結果的なものではなく、キャバクラに行儀と金払いの悪い客が来て暴れたら、次の日から他の客が急に行儀と金払いがよくなったような、もっと直接的な効果だったようにすら思える。

ちなみに冒頭の討論会についてはほぼ全ての報道が、相手の発言の途中で口を挟みまくる行儀の悪さ、品の無さを指摘した。相変わらず不可解な前髪をして出てくる。嫌いな人はもちろんのこと、彼の隠れた支持者たちですら、あれになりたいというような憧れを一切拒絶する。憎いと思っている人にすら羨ましいと思わせるアネモネとは対極に、好意的な人にすら決して羨ましいとは思わせない。あれだけ絶対的な権力の座にあり、圧倒的な財力を誇るにもかかわらず、羨ましがられないのはある意味特筆すべきことに思える。ビジネスマンとして大成功した所以はその辺りにあるのだろうし、ある意味よくできた悪役として、社会の変革の力を結果的に引き出したこととも関係しているような気がする。

わかりやすい敵が登場したときに、普段は相容《あいい》れない思想の者たちが徒党を組んだり、喧嘩中の身内が団結力を取り戻したりすることは確かに良くある。同時多発テロの直後とはいえ息子ブッシュのイラク派兵の時も、世界的な運動の団結があった。しかしトランプは、兵隊を派遣するまでもなく、その忌々しい存在感とちょっとしたツイートだけで、人々の改革の力や弱き者の声を引き出した。だからといって我が家に一台どうぞと言われてもいらないけど、結果的に社会に良いパワーが見られるようになったという点で、私はこれまでの4年間を簡潔に評価できないのだ。

私は彼の、徹底して羨ましくないその出で立ちに、信念を持つ者たちが信念と真反対の場所に後ろ髪引かれる思いを断ち切る効果があったように思えて仕方ない。そして彼が、全く羨ましくはないけど、どんなに痛めつけても傷付かなそうな存在だったことが、その信念を表現させる場を成立させたと思う。羨ましくないし、全く可哀想でもない、あのおじさんによる化学反応だ。日本で、コロナ禍の残暑に長きにわたった一つの政権が終わった時、辞め行く首相の姿は、「可哀想」と表現された。多くの、緩やかな安倍支持層が、「病で傷ついている彼をこれ以上傷つけないで!」と、何か人道的な立場に立っているかのような主張をしていたことや、安倍批判者が歯切れも団結も悪かったことは、その何かしらの化学反応を起こすような要素がそこになかったことの証明に見える。

80年代初頭生まれの私は、「日本人は自己主張が苦手」「日本人は言いたいことを伝える習慣がない」「日本人は和を重じて自分の意見を押し殺す」と言われて育った世代である。欧米でディベートの授業をすれば、生徒たちがはっきり自分の意見を言うし、時には激しい議論が起きるのに、日本では質問を募集しても手を挙げる人もいないのだ、それではダメだ、ちゃんと自己主張しろと教えられた。黙れば世界の波に飲まれて、無理な要求を突きつけられ、損をして、何も個性のないつまらない人だと思われてしまうのだと学び、しかしやはり質問の手を挙げる者も、友人と意見が違った時に議論をしようとする者も少ないまま、大人になった。

今、SNSなどネットの言語空間を除けば、口汚く自分の主張を押し切ろうとする言葉が溢れている。自分が正しいと思うものを他人にも正しいと思わせようと、極めて独善的で単眼的な主張が飛び交い、しつこく纏わり付いては罵るような発言も多く、自己主張をしない、と言われて育ったその特性は変化したのかな、と目を疑う。

正直、そんな意見ならかつてのように、和を重じて黙っといてくれたほうが良かったと思うほど、ヘイトや差別的論調も見飽きるほど多いが、とにかくみんなが何かを言いたい様子で、堰《せき》を切ったように言葉を吐き出していることは確かだ。簡潔と言えば簡潔、安易と言えば安易な短い言葉で、自分の物事の見方を披露し、それに対する激しい賛同をまだ別の誰かが短くコメントし、さらに別の者は冷笑して拒絶する言葉を、やはり短く吐き捨てる。かと言って日常生活で、はっきりとした物言いをすると結局疎まれがちだし、友人たちが集まったような場を盗み見ても、意見を対立させて議論に花を咲かせているというよりは、そうだよねそうだよねと同調して頷《うなず》き合っているので、性質が長きにわたる説教によって変化したというより、匿名で罵り合えるとても日本向きのツールを与えられたというだけのことなのかもしれない。

しかし新しいツール一つでこうも自己主張しだすところを見ると、実は私が教えられたような「日本人は自己主張が苦手」は、正しい言い方ではなかったような気もする。正しくは、「人の自己主張を聞くのが苦手」だったんじゃないか。あるいは、「自己主張をして、相手がそれを聞くのを見るのが苦手」なのかもしれない。日常生活が議論に発展しないのは、自己主張をするのが嫌なのではなく、それによって返ってくる相手の自己主張が嫌で、あるいはそれに対する相手の反応が嫌で、その「嫌」が「言いたい」をいつも少しばかり上回る。だから言葉を吐き捨てた後に、その言葉が勝手にネットの渦に巻き込まれていき、自分の手から切り離されてしまうような場所ではどんどん言葉を放り投げる。「自己主張をするのが苦手」と「自己主張を聞くのが苦手」は似たようなことを言っているようでいて、結構違う。聞くのが下手、聞くのに耐えられない、ということだから。

だとしたら、おじさんの大好きな説教なんて、本当に誰も聞いてないのかもしれなくて、おじさんたちドンマイ、とちょっと思う。高い位置から自己顕示欲丸出しで偉そうに語るおじさんたちの話が聞くに堪えるものかどうかはともかく、聞く能力を鍛え上げていない私たちの耳には、残暑のセミ程度の意味しかなさない。

彼らの中で、今おそらく日本のテレビで最も傾聴に値するとされている人たちは、おそらくドラァグ・クイーンたちだろう。日本のバラエティ番組は好んで彼らが「オネエ」と呼ぶ人たちを登用する。日本で現在「オネエ」と呼ばれるような者の中には、おそらく自己規定が男性のいわゆるドラァグ・クイーンたちと、一部トランス女性が混ざっていてその括りは意味不明だし、加えて私は過去の自分の著作を含めて自分をよく「夜のオネエサン」と書いていて、「オネエは私のもの！」感もあるので、その言葉をあまり使わない。女装を好むゲイ男性だと申告している人を私はここでドラァグと呼ぶ。というのも、ご意見番、と呼ばれて愛されているのがその属性であることが多いから。

男性と自己申告されたところで私よりきらびやかなドラァグは、おじさんと呼ぶに似つかわしくないのでこの本であまり触れなかったが、少なくともオーラルのレベルの言語空間で、マツコ・デラックスやミッツ・マングローブ、ブルボンヌ、ナジャ・グランディーバらドラァグの存在感はことさら大きい。そして多くの人が、この人たちの主張であればと座って聞くことができる。そして多くの場合に、こちらが間違っているよと説教をされても受け入れる。特にマツコのようなふてぶてしく偉そうに断言するような態度は、本来であれば苦手とされるような文化にあって、そのふてぶてしさすら多くの場合にリスペクトを集める。

以前から、私は日本の議論嫌いを克服する鍵がドラァグにあるような気がしていた。何でも過度な平等を好む戦後日本は、教育の段階で頭にみんな平等を詰め込まれるのだけど、自分は別に他者に対して特権的でもないし上流階級にいるわけでもない、と学ぶのならまだしも、隣の人が自分より優れているということはない、というほうを強調して学んでしまっていて、それは誰かの意見が傾聴に値するという単純な事実に非常に鈍感になる副作用があるように思う。自分と同じ平等な立場にいる人がなんで偉そうに喋っているんだ、と不快に思って、聞く耳を持たない。結果、お前も大したことないくせに偉そうに、何も知らないくせに生意気、という文句がそこら中で発される。全てが平等と教えられれば、全てがライバルとなるわけで、弱者に対する施しの習慣が根付かず、むしろ援助を受ければ「ズルイ」と名指しされるような風潮も、そこに問題がある。

そこに、平等な社会にあっても明らかに自分と同等に思えない存在が差し込まれると、平等の呪縛から一瞬逃れて、ライバル意識からも解放され、初めて聞く耳を持つのかもしれない。それはある意味、同性愛であるとか、ギラギラなドレスを着ているとかいう者に対して、「平等だ」という視点が抜け落ちているという点では差別的なのだけど、だからこそ不快感なく最後まで座って聴けるという人も多いのではないか。自分と全く経験が違い、同じ土俵に立つことがないという者に対して比較的好意的であるのは、元AV嬢だった私も時に感じる視点である。私のことを生理的に嫌いな人はいるんだろうけど、それでも書いたものに対して罵られることが少ないのは、こいつはライバルじゃないと思われている部分もあるかと思う。

本来、他者とは全てそれなんである。ドラァグの経験が自分と違うものであるように、本当は似たような髪型のCanCam女子同士でも、違った経験と背景を持っている。しかし、ただでさえ黒髪黄色肌が圧倒的に多い光景の中、その他者性に気づくほど異質なものにはなかなか出会わない。オートクチュールのドレスで仮面のような化粧のドラァグは、他者性の塊のような存在だから、多様性への許容が、そこにだけ集中するのはちょっとわかる気がする。そう考えると、この社会は多様性に対して不寛容だと言うより、多様性に気づきさえすれば寛容になれるのかもしれなくて、それに気づくのがいつも遅すぎるだけなのかなぁとも思う。他者が他者であることを知れば、世の中は日々ドラァグの番組を見るように色鮮やかなはずなのに。取り急ぎ、ヤマンバギャルはドラァグ並みに異質な存在感があったので、みんなでヤマンバメイクしませんか？　特に、説教したいことがあるおじさんたちにはおすすめです。

性差に敏感な社会で、あえてオトコに絞ってここまで書いてきた理由に、オトコのことは考えても絶対わからないという絶望と、しかしオンナの私が私について知るには、オトコのことを考える必要がある気がする、という漠然とした欲望が両方あった。それから、おじさんたち自身はあんまりおじさんとセックスしたり口説かれたりした経験がないだろうけど、私たちにはあるので、少なくともこちらのほうが多少は多面的に見て、単純な批評を蹴っ飛ばせるのではないかという感覚もある。

パンデミック醒《さ》めやらぬ8月の終わりに、トウのたったオンナ4人で集まる機会があって改めて気づいたのだけど、少々真面目な政局の話や文学の話をしていても、あるいは知人の噂話や人の夫の話をしていても、終わりなき会話に終止符を打つ文句が「でも絶対あいつとは寝れない」「寝るならあいつのほうがマシ」であることがあまりに多い。会話に差し出される有象無象に対して、正確な判断ができないのを、オトコが黙るしかないオンナの事情で切り捨てるのは少々品がないけれど、逆に言えば、私たちがその有象無象を安易に善悪や優劣で整理しようとせずに、常に第三、第四の基準を持ち出して棚上げにし続けているとも言えるわけで、私をそれを、世界に対する態度として全く健かなものだとも感じる。

そもそもオンナの私がオトコを見るとき、そこにはフェアネスや論理を超えたバイアスがあまりに色々かかるので、三次元の空間マップでも作らないと、彼らに感じる色んな気持ちを表現しきれない。好きだけど寝たくはないとか、嫌いだけど使えるとか、軽蔑してるけどそそる声だとか、尊敬してるけど一緒にいたくないとか、そういう複雑系の中でおじさんたちを見ていると、単純な善悪も優劣も多面的で、一度悪者や善人に認定した者も、結構簡単に揺らぐ。そしてその、正しさが常に揺らいでいる、ということが、圧倒的に正しい。

最も変則的にかかるのがセックスの相手としての評価だからこそ、セックスの対象ではない性についてはもう少しクールな判断をしてみたくなる。オンナがオンナに対して、時に辛辣で断定的なのは、セックス・バイアスという靄がかからない清々しさに酔っているからだ。本来は、その複雑系のエロのバイアスが一つ外れるだけなので、やっぱりこの世界のどんな対象であっても、何か一つの価値基準では語り心地が悪いし、世の論調が一方的であればあるほど、それは実際に目に映る姿と離れていく。

だから、評価がそれなりに定まったものこそ、裏から見てみたくなる。政治的に正しいオトコを家庭に持ち込んだらどうだとか、性的な意味でのクソオトコを職場に置き換えたらどうだとか、良い夫良いパパを夜の街に連れ込んだらどうだとか、そういうことをしたくなる。何かの偏見を取り払えば、また別の偏見に囚《とら》われるけど、その複雑さに開き直って、語ることをやめるのもつまらない。混沌を生きて混《こん》沌《とん》を書くことを恐れない、大きなイチモツをこれからも私にください。

この本は編集者の井上晶子《いのうえあきこ》さんと私で、連載から最後まで作りました。最初、二人で考えたとはいえ具体的な名前を挙げながらおじさんについて批評を書く、という加齢臭のしそうな企画内容にあんまり気乗りがしなかったのですが、書き出したらとっても楽しい連載になりました。そもそも私がおじさんといって思いつくのはキャバクラで威張り散らかすあの人たちのことで、実際に過去には彼らについて『おじさんメモリアル』という本を著したこともあるくらいなのだけど、考えてみればオンナと一括りにしてもそこには無限の多様性があるわけで、おじさんだってそうなのだから、楽しくないわけはないのでした。井上さんの企画能力だけでなく、辛抱強さと丁寧な編集力、手間のかかる作業を平気で引き受けてくれる包容力に、畏怖《いふ》に近いリスペクトを持っています。色々とオンナとしても興味深い人なので、彼女から受ける刺激と、彼女と仕事していたいなという欲なくしては作り上げることのできない仕事でした。

書いている最中に、当事者であるおじさんに、たまたま出会《でくわ》すことは結構あって、「こないだ俺のことキモいって書いてたでしょ」とブツブツ言われることもしばしばだったけど、これからもそういうときは自慢の笑顔とFカップで、黙らせようと思います。それでも私は全てのオンナに幸福になってほしいという願いの半分くらいは、全てのオトコに幸福になって欲しいと、たまにはちゃんと思っています。

本書はウェブメディアcakes（ケイクス）連載の
「ニッポンのおじさん」を改筆し、
書き下ろしを加えたものです。
なお「いやん、Ｗｅ　ｃａｎ’ｔ」は
産経iRONNA（２０１８年4月18日）掲載、
「多目的トイレの神様」は
文春オンライン（２０２０年6月19日）掲載の
原稿をそれぞれ加筆修正いたしました。

鈴木涼美（すずき　すずみ）
1983年生まれ。慶應義塾大学環境情報学部卒業、東京大学大学院学際情報学府修士課程修了。大学在学中にキャバクラのホステス、AV女優などの経験を経たのち、大学院の修士論文が『「ＡＶ女優」の社会学　なぜ彼女たちは饒舌に自らを語るのか』（青土社）として書籍化。その後、日本経済新聞記者などを経て文筆家に。著書に『身体を売ったらサヨウナラ　夜のオネエサンの愛と幸福論』（幻冬舎）、『おじさんメモリアル』（扶桑社）、『オンナの値段』（講談社）、『非・絶滅男女図鑑　男はホントに話を聞かないし、女も頑固に地図は読まない』（集英社）。

編集協力／井上晶子

ニッポンのおじさん

2021年４月21日　初版発行

著者／鈴《すず》木《き》涼《すず》美《み》

発行者／青柳昌行

発行／株式会社KADOKAWA
〒102-8177　東京都千代田区富士見2-13-3
電話　0570-002-301(ナビダイヤル)

印刷・製本／大日本印刷株式会社

ISBN 978-4-04-111144-4　C0095
JASRAC 出 2102654-101